Dictionnaire phonétique bamiléké et proverbes

Lucien FOTSO TUEKAM TEKAPTA

Dictionnaire phonétique bamiléké et proverbes

Clés pour la compréhension

L'Harmattan

Du même auteur

La civilisation authentique bamiléké, 2016.

5-7, rue de l'Ecole-Polytechnique, 75005 Paris

http://www.harmattan.fr
diffusion.harmattan@wanadoo.fr
harmattan1@wanadoo.fr

ISBN : 978-2-343-05908-2
EAN : 9782343059082

LE SON 'BA'

Pour ces sons, nous utiliserons par endroits la lettre 'N' devant la lettre 'B' au lieu de la lettre 'M' qui marque le pluriel.

NBÂâh = porter sur le dos.
Porter les premiers élytres courts en parlant du jeune grillon (tcheh pààh).
Sortir l'indice d'épi en parlant d'une tige de maïs.
Prononcer toutes les lettres, le 'h' avec un son entre le 'E' muet et 'H' muet.

NBAHÂTEH BÂÂHTEH = porter quelqu'un sur le dos.
NBÂH = guérir, soigner.
Nbâh fïng = soigner une plaie.
Nbâh ngho = soigner une maladie.
Nbâh youoh = guetter quelque chose.
Nbâh mooh = guetter quelqu'un.

NBÂHÂTEH NBÂHTEH = prendre soin, tenir avec délicatesse, amadouer, flatter, supplier quelqu'un, une personne.

NBAH = celui qui porte sur le dos une charge.
= calebasse à long cou servant à conserver du vin de raphia et que l'on porte sur le dos dans un filet.
= le chez soi (dans certaines localités, village, concession = synonyme de nbêh (ngôh nbêh, ngôh nbah = je vais au village, je vais à la maison, chez moi ou chez toi).

NBAHÂH NBAAC = tisser, tresser (nbaac dzeh = tisser une étoffe). Nbaac gouoh = tresser une corde. Nbaac nteh = tresser les cheveux. Nbahàh tchouoh = tresser une touffe de cheveux, faire à quelqu'un un mal qui permet de le remarquer partout.

NBAH HAKTEH
NBAACTE = tisser, tresser sommairement entrelacer.
Figuré : fomenter une nouvelle fausse.

NBAÂH = hameçon, bouton pour vêtement

NBAÂHMTANG = boucles d'oreilles.
= cagoule perlée aux grandes oreilles ou précisément aux grands pavillons, pour la danse de tso.

NBAK = potion mystique que l'on fait avaler aux rois, mtahgneh, les muomgneh, à leur accession au trône pour les rois et assimilés, quand ils ont engendré des jumeaux mmûohom gneh pour les mtahgneh et les muomgneh (mtékuû et mekuû).

NBÂHE = écarter latéralement une chose, d'un revers de la main, rembourser, repousser un don, écarter frauduleusement.
= fendre, opérer.

NBAHAHGNEH NBAHGNEH = entrelacer (lianes, cordes).
NBAKGNEH = ennuyer, troubler, déranger.

NBAHAGNEH NBAÂGNEH = guetter, épier, regarder par une faille

NBAKTEH = tiédir de l'eau, chauffer un peu un mets.
NBAHAKTEH NBAAKTEH = casser en parts, fendre en lamelles.
NBACK = faisandé, qui a pris une mauvaise odeur, qui a un mauvais goût (en parlant des aliments cuits).

NBAKHEH NBÂÂH = rembourser, repousser une offre, retourner à l'envoyeur, rendre la différence d'une monnaie donnée pour un achat, répondre à quelqu'un, à une question.

NBAÂHTEH = danser avec élégance, avec noblesse et habileté.

NBAHAPTEH BAPTEH = réprimander, menacer.

BÂP = viande, animal.
Figuré = homme bête, personne insensée.

NBAP = passer légèrement sur la flamme : pour ramollir ou attendrir.
NBAP houe = passer une feuille au-dessus de la flamme.

NBAP mbouh = chauffer les mains devant un feu pour les dégourdir.

NBAP tem = chauffer le dessus d'un tam-tam pour faire raidir son cuir.

NBAPH = projeter une réalisation.
= garder une rancœur contre autrui.

GHE wouo mbah é = je lui en veux, je guette une occasion pour lui faire du mal.

Attention : la lettre H que vous retrouvez dans divers mots ne doit pas être prononcée comme en français, mais comme un son situé entre le 'E' muet et 'H' muet français, en quelque sorte, léger râle bronchique s'échappant des lèvres.

MBAÂH : des cases, des maisons (pluriel de paâh = case, maison).

MBAHEH MBAAH = des tas, des amoncellements.
NBANG = être pauvre, être dans l'état de pauvreté.
BANHANG NBEANG = le pauvre, le démuni.
NBANG BANG = la pluie.

LE SON « BEM »

NBEMH = v. façonner avec de la terre, de l'argile, du béton.
Nom = sort, esprit, âme.
NBEMTEH = v. façonner en boules, boulettes.
= soutenir délicatement un enfant, un malade.
= s'associer, s'unir pour agir.

NBEMHEMTEH BEMTEH = se rencontrer, se correspondre, être à la place voulue (deux bouts, deux joints).
= s'encastrer facilement.

BEMMOH = N. celui qui façonne l'être.
= le créateur de l'être, le sort, la chance.

BEMH = les œufs, les boulettes.
PEM = l'œuf, la boulette, la boule.

BEBEMH = boulettes, petits objets ayant la forme des boulettes, ou à peu près, de très petite taille.
NBEMHEMTEH BEMMTEH = se correspondre, se joindre, s'assembler aisément.

SON « BE »

NBEH = les côtés, les coins en parlant des objets à plusieurs faces ou facettes.
= fruit noir à noyau ovoïde et dur.
= accoucher (ailleurs).
NBÈTSEH = N œil.
MBÊTSE = les noyaux, les pépins, petits piquets.

BÈHNTIO = noix de palmiste (dure comme le fer).
BÈHNETÔH= noix de palmiste (à casser en frappant comme à la forge).

BÈHBEH = noyau de BEH = fruit noir.
BÈHBÏ = noyau pour jouer (jouer à perte) du fruit (NBEH).

MBEGNEH
BEGNEH = v. retourner, revenir, rentrer d'un voyage.
BÈGNEH-PÈGNEH = croix.
Figuré : souffrance atroce.
BÈHTEH = v. croiser ; porter sur une perche à l'épaule.
BEHTEH MBOU = croiser les bras.

NBÈHÈH NBÈÈH = couper en fines lamelles, tailler obliquement.
BÈH = empêcher la survenue (en parlant de la pluie).
= courber (ailleurs).
BÉHÉ = larve extraite des souches de bambou raphia ou de palmiers abattus.
POUHOÛH - É TCHIIAH POUOUH BEMM = il m'a expédié un paquet, un colis.

SON « CHAM » : (trahison, secret, cœur)

DZUUH CHAM MOH = trahir quelqu'un, vendre son secret, le calomnier.
TCHÂM = confidence.
NCHAMMH = cogner avec le poing, le marteau, la pierre.
DCHAMMH MKEM = donner des coups de poing.
NCHAMH NDZEH = taper les vêtements.
NCHAMH GUEFA = casser le maïs en particules, sans l'écraser.
= Maudire.

NCHAMMH NGOUOH = maudire quelqu'un, en vouloir à quelqu'un.
NCHAMMH NSOÔH = chercher à faire du mal à quelqu'un.
Quand vous cognez sur le piment au lieu de l'écraser, vous faites éternuer les voisins et vous-mêmes.
NCHAHÂMTEH (CHAMMTEH) = parler à voix très basse, dire en cachette, parler à l'oreille.
NCHAMMTEH = tapoter, taper doucement et à répétition.
NCHAHAMGNEH
NCHAMMGNEH = entrecogner, entrechoquer, provoquer le conflit.
NCHAMMGNEH METOUA = cogner les voitures.
NTCHAHAMGNEH
MMETOUA NCHAAMGNEH = les voitures sont entrées en collision.
NTCHAHAMGNEH—NCHAAMGNEH MNTEH POÔH = mettre les gens en conflit.
NCHAKTEH = déchiqueter, être en colère, indisposer par son comportement.

NCHAKGNEH = éternuer.
NCHAKHE = perdre son état premier pour prendre l'eau en parlant des aliments à amidon (ignames et autres).

NCHIIAH = l'envoyeur, l'expéditeur.

NCHIHAGNEH
NCHIIAHGNEH = envoyer de proche en proche, expédier à la chaîne
Figuré : propager, divulguer.

NCHIHAGNE
NCHIIAHGNE = la propagation, la divulgation.
= l'envoi à la chaîne.
= le propagateur, le divulgateur.

NCHIHIH
NCHIÏH = embaumer, polir, mettre de la peinture.
= essuyer, nettoyer, éponger.

NCHIHICTEH = bouger, faire bouger, secouer un sac, un récipient pour bien le remplir sans laisser de vide.

CHIYING
NCHIINGH = glaire, doigt supplémentaire d'une main, d'un pied, chéloïde, grappe de grains d'arachide en coque.

CHIHING
CHIINGH = pendre, relier les épis de maïs par leurs enveloppes ou feuilles.

CHIHINGTEH
CHIINGHTEH = pendre les objets çà et là.
= produire en abondance en parlant des arbres fruitiers.
L'arbre a des fruits sur toutes les branchettes.

CHIYING
NCHÏNGH = uriner, pisser.
Figuré : pleuvoir abondamment.
- KÈH BANGH WOUO NCHÏING = le ciel pisse.
CHIHINGNEH
CHIINGHGNEH = tenir pendu à la main.
= pendre, être pendu, en parlant des objets et des parties du corps.

CHIHÔH = évacuation forcée, département du Noun.

NCHIHOH
NCHIIÔH = déplacer, enlever, débarrasser.
NCHIHÔH
NCHIIÔH = fabriquer un liquide à partir d'une ou plusieurs substances, de l'eau ou autres.
- NCHIIÔH MTCHIE = fabriquer du vinaigre par un mélange de cendre et d'eau.

CHIHÔTEH
CHIIÔHTEH = déplacer vers le but, rapprocher du but.
= aller doucement vers la destination.
NCHIHÔH
NCHIÔH = un pied de. En parlant d'une plante herbacée, d'un arbuste de petite taille.

CHUHICH
NCHUÏH = massue, masse en bois ou en acier qui sert à damer le sol.

NCHUHIHTEH
NCHUIHTEH = aviser, informer, communiquer, inviter.
NCHUÏHTE = le communicateur, l'aviseur, l'informateur.

TCHUIKÙOH CHUIKÙOH = le messager, le communicateur, le transmetteur de la nouvelle, de l'information, des ordres.

CHUHIH NKÙOH
NCHUÏKÙOH = transmettre la nouvelle, le message, l'information, les ordres.
NBÉHÉH
BÉÉH = v. ramasser, prendre un objet posé.
= payer (mot anglais camerounisé).

NBÉHÉTEH
BÉÉTEH = ramasser grain par grain.
Fig. = Picorer rapidement.
= manger avec minutie, sans laisser la moindre miette.
= raconter en profondeur, sans laisser la moindre information.
« Bééteh mdouong caffe » = ramasser minutieusement les grains de café.
« Goop wouo bééteh guefa » = la poule picore le maïs.
« Guetsoo wouo bééteh mnoueh » = le vieux raconte avec précision les faits, repasse en revue les faits passés.

BÉHÉ-NNÉH
BÉÉNÉH = le flanc d'une butte cultivée.
BEH-NNÉH BEHNÉH = sillon qui sépare deux buttes dans un champ labouré.
NBÈÈH = marmite, négro-pot.

NBEH-VÙH
BEVUH = (geste, signe) faire un geste, un signe, une action annonciatrice d'un décès.

NBEH
BEH = proposer quelque chose à quelqu'un pour achat ou en échange.

NBEHTEH
BEHTEH = répéter, faire encore.

NBEHEH
NBEEH = répondre en faveur de « BEEH NOUEH MOH = répondre, intervenir en faveur de quelqu'un ».

SON « BING »

NBIING = accepter, avouer, répondre à la voix.

NBYING = morceau de bois vert long de 30 à 50cm, que l'on lance pour cueillir les fruits, pour frapper un animal perché sur un arbre ou frapper un ennemi à distance (prolonger le ing comme en anglais).

NBINHING
NBIINGH = v. tordre, revenir.
NBIING POUOUH = tordre le bras.
NBIING NDIEH = revenir à la maison, synonyme de BEHGNEH.

NBINHINGNEH
BINGNEH = tourner et retourner les grains qu'on grille.
BINGNEH GUEFA, BINGNEH BNEH = tourner les grains de maïs, d'arachide.
Prononcez comme si vous détachez le « Bing » de GNEH (ing en anglais).

NBIHINGTEH
BINGTEH = activer le feu, tourner les aliments à cuire sous les braises ardentes pour bien les faire cuire.
BINGTEH MOCK = pousser le bois en le tournant pour activer le feu.

NBYHINGNEH
BYING GNE = répondre à la voix et en concert, de toutes parts.
= ronfler comme si l'on chantait les lèvres fermées. Ceci est très souvent le fait des malades graves ou de quelqu'un qui a un cauchemar.

LE SON « BI »

BIAGNEH = v. être calme, tranquille, doux au propre et au figuré.
= avoir cessé de faire du bruit, de crier, de pleurer.

NBIHAH
NBIAH = garder quelque chose pour quelqu'un au retour d'un voyage, soit par celui qui arrive, soit par celui qui reçoit, s'il était avisé de l'arrivée du premier.

NBIATEH BIAHTEH = ramasser grain par grain.
Figuré : raconter de petites nouvelles, des histoires.

NBIÈPGNEH BIÈPGNEH = enlever la peau des grains.
Figuré : chercher à voir jusqu'au fond d'une affaire par des manœuvres verbales.
= dire même ce qu'on ne devait pas dire (surtout pour nuire à autrui) pour convaincre.

NBIEPTEH
BIÈPTEH – bégayer, bégayeur.
NBIHIÈGNEH
BIÈHGNE = croiser les piquets dans la construction d'une hutte.
BIEGNEH GOUOE = construire sur une termitière.
Figuré : jongler avec les mots, faire un entortillage.

NBIHIÈTEH
BIÊHTEH = flatter, amadouer, négocier avec douceur, amicalement, agir avec économie, protéger un objet de l'usure ou de la destruction, un bien, des fonds de la dilapidation.

NBIHITEH
BIITEH = se perdre les uns après les autres en parlant des objets et des animaux.
= disparaître de la vue, en parlant des personnes ; des objets qu'on recouvre ou que l'on introduit dans une matière (liquide, en poudre ou en pâte).

NBIHÏH
NBÏH = se perdre, perdre, détruire (êtres vivants).
- NBÏ MTOO = prendre en commerce.
- MOUHOU PÏ = l'enfant est perdu, s'est égaré, a disparu.

BIHÏH
NBIÏH = jeu à perte, jeu d'adresse qui se joue en surface plane ou dans des trous avec les noyaux du fruit noir, « BEH ».

NBIHÏH
BIHÏH = tailler en pointe.
- BIHÏ MTEH = tailler les piquets.
- BIHÏ KOUONG NWAGNEH = tailler le crayon.
= pourrir.
- POUOH PIHÏH = le melon ou le champignon est pourri.

BÏH
NBIH = animal sauvage de la famille du chat, qui vide souvent les récipients servant à recueillir le vin de raphia.

BIHIG
BÏC = âne et autres animaux chargés de transporter les lourdes charges.
NBÏCH = transporter les lourdes charges.
MBÏH = les poumons, le foie.
MBÏH - FAAH = les poumons.
MBÏH - NTIOH = les foies = PÏH-NTIOH = le foie.

BIHIGNEH
NBIIGNEH = le produit très actif dans un médicament.

NBIDIEH = celui qui détruit la famille, membre d'une famille qui sème la mésentente parmi ses membres.

BITSÙHÙH
BITSÙUC = celui qui sème le désordre dans un groupe, dans une communauté, par des intrigues.

NBIH-DÓH
BIDÓH-BIHGOM = expression qui signifie éviter tout problème, tout malheur par une parfaite entente.
« KUICHOUOH BIDOH, BIGOM », étymologiquement = la même bouche tue la malédiction et la course chez le devin ou empêche de consulter la mygale dans le vrai sens = l'entente fait vivre en paix, en harmonie.

LE SON « BO »

NBÔGNEH
BOGNEH = N et V = la haine, le mépris, la méchanceté.
NBOHOGNEH = v. se haïr, se mépriser l'un l'autre, les uns les autres.

NBOHÔH
BOÔH = mépriser, haïr, nuire.
BôH – campement, lieu de regroupement des intrus (hommes ou animaux).

NBOM = protéger, prendre soin de …, prendre garde, se méfier.

BÔHOM
NBOOM = unité de mesure de grains ayant à peu près la contenance de 100 litres, long panier cylindrique, tressé en lamelles de bambou raphia = cheminement construit pour les chèvres et qui va de la maison au pâturage NBOOM-DZEH.

NBÔHOMTEH
NBOMTEH = soutenir, entourer de soins, encadrer, épauler quelqu'un.

NBOK
BOK = être mauvais, être de mauvais goût, ne pas faire d'effort, être sale, être facile.
MBOK = non mûrs, qui n'ont pas atteint la maturité (fruits).
MBOK TSEM = prunes non mûres.
- POK TSEM = prune non mûre, safou non mûr.

MBOUHOUH
NBOUHOÛH = innocent, non coupable, naïf.
= des paquets enveloppés.

NBOUH NBOUOUH = taper, frapper (tambour, tam-tam).

NBOUHOUTEH
NBOUOUHTEH = tapoter, frapper légèrement sur quelqu'un pour le réveiller, le mettre en garde, tapoter çà et là.

BOUOPTEH = tromper, se porter assez bien, faire semblant de grandir, de guérir (en parlant de l'enfant et du malade).

CHUONG WOUO BOUOPTEH MOUH = le voleur est en train de tromper l'enfant.
MOUH WOUO BOUOPTE = l'enfant, le bébé se porte assez bien.

- GUÈH GHOH TÏH BOUOPTEH = le malade est un peu guéri, son état s'améliore.

BOUHOÛGNEH
BOUOÛHGNEH = être sourd, faire la sourde oreille, rendre sourd.

NBOÛHOÛH = enceinte réservée aux initiés.
= entrailles faites sur un arbre pour permettre à la hache d'aller en profondeur et à orienter la chute. Entrée bordée de clôture, d'une enseigne, d'une concession, d'un domicile.

NBOUHOUH NBOUH = rouler, plier un tissu, un tapis, une claie.
MBOÛH = les bras, les mains, mesure des bras.

NBOUHOUTEH NBOUHTEH = accuser devant la justice.
= plier d'une manière désordonnée, enrouler.

SON « BU »

NBÛCH = soulever, redresser, mettre debout.

NBÛHÛH
NBÙÙCH = soutien, celui qui soulève qui donne le renfort.

BÛHUK-POUH
NBÙÙCH-POUOUH = soutien, qui soutient le bras affaibli, qui donne le renfort. C'est généralement un éloge.

BÛHÛTEH
NBÛÛCHTEH = soutenir de toutes parts, soutenir un peu, relever un peu une personne dépassée, donner renfort à quelqu'un.

BÛHÛMTEH BUMTEH = fabriquer, monter sommairement une affaire, faire sommairement, ébaucher, réaliser avec tromperie.

BÛHÛM
BÙUM = cauris, argent, monnaie.

BÛM = chaux, calvaire.
NBÙK = violence, affront.

BOUHOÛMTANG BOÙMTANG = le sourd.

BÔHÔPTEH
BÔPTEH = gâter, détruire, gaspiller, dépenser abusivement.

NBÔHÔH
BÔH = courber, baisser, couvrir quelque chose posé par terre, pencher.

BÔHÔTEH
BÔHTEH = courber çà et là, couvrir çà et là, calmer une situation, une malédiction symboliquement.
Calmer l'esprit du défunt par un sacrifice symbolique.
Maudire quelqu'un en groupe.

NBÔHÔGNEH
NBÔGNEH = se pencher, se courber, se poser en parlant des oiseaux et des aéroplanes.

NBOHÔGNEH
BOHÔGNEH = se détester, se haïr l'un l'autre, les uns les autres.

NOTA BENE : tous les verbes en B se conjuguent en transformant le B en P, sauf à la forme progressive.
Exemple : NBOOM : POOM = prends garde, méfie-toi, protège, veille sur.
NBÔH : PÔH = courbe, baisse, couvre, penche.

SON « CH »

NCHÂH = paille à tige cannelée des collines dont une espèce est sucrée. Elle entre dans la couverture des toitures et la fabrication des paniers « Kack-noô ».
KACK-NNOH

NCHÂHÂH CHÂÂH = chercher dans la nature ce qu'elle peut vous offrir, travailler, fouiller dans la nature en quête d'une découverte.

- CHÂÂHTSE = chercher de la cola au pied du kolatier.
- CHÂÂH POUOH = chasser le champignon.

CHAHÂTEH
CHÂÂHTEH = saluer, se saluer, échanger les salutations.

CHAHÂTE CHAÂHTE = salut (le), celui qui salue.
Figuré : signe d'aggravation d'une situation.
MAAH CHAAHTEH = donner le coup de grâce à une situation déjà précaire.
Faire empirer la situation.

NCHEHETEH
CHAHTEH = couper en morceaux, perdre son élasticité (condiments gluants, expectoration).

NCHANGH = grande case au toit de paille du notable.

CHANHANGH
NCHAANGH = une bouteille.
NCHAHANGH CHANG = chercher (dans tous les sens).

NCHAP = engraisser, mettre du fumier, laisser grandir plus, remplir à déborder (un panier, un sac, etc.).
= faire un tas en toupie ou en dôme.

TCHAAP = chaise spéciale en bambou fin pour les notables. « LÏNG-TCHAAP ».
= gâteau de maïs frais.

NCHAPTEH
TCHAPTEH = jouer, taper légèrement le tambour, les balafons, accompagner le joueur principal du balafon.
Danser à petits pas, mais cadencés.

TCHAPEH = insulter, humilier, simplifier une personne.

MTCHEH
MTCHAAH = les torrents, maladie des pieds causée par les eaux de torrents ou de pluie.

CHEH = l'eau, une rivière, un fleuve, une mer, un océan.

NCHEHE = passer, dépasser ou avoir une supériorité, être plus grand que…, dépasser les mesures, les limites.
= E TCHEHE = il est passé.
= YANG TCHEHE YAHE = celui-ci dépasse celui-là.
= ETCHEHE O = il te dépasse, il est plus grand que toi, il est plus fort que toi.
A TCHEHE O = ça te dépasse, ce n'est pas à ta portée.
= présenter les signes de la mort.

TCHEH = le grillon, prémonition, rêve prophétique. Prémonition à la divination.

CHEHTEH = passer et repasser, passer en série, survenir en parlant de faits abstraits et intérieurs à une personne et à répétition.

CHEM = l'autruche, le cygne.

CHEMHEM CHEEM = changer, être différent (emphatique).
PO E KA TCHEM = vous n'êtes pas différents lui et toi.

CHEH-TSE = les larmes (eau de l'œil).

CHEH-PAHA-MVÛH = travail mal fait, travail fait sans moyens propres.
Étymologie = l'eau que le chien puise pour la construction de la maison. Il puise l'eau avec sa langue et comme il marche la langue pendante, il arrive au chantier sans une goutte d'eau.

CHEH-MGHEM = la rivière des aigles, des éperviers.
CHEHE = le bout, le bout pointu, de la croissance.
= gendre, beau-père, beau-frère, beau-fils.

CHEHE-NKANG = nicotine retirée du tube d'une pipe dans laquelle on fume du tabac.

CHEHNEH CHEH NAAH = sperme.
CHÈH = palabre, affaires, provocation, histoires.
- NCHANG CHÈH = provoquer, chercher des histoires, noises.
NCHÈHÈH
NCHÈEH = entraîner les premiers pas d'un enfant, aider un malade à la marche, un oiselet au premier vol.

CHÈHÈH
NCHÈÈH = crinière, chevelure longue et souple, première chevelure de l'enfant = « NCHEEH MOUH ».

NCHÈHÈTEH
NCHÈÈHTEH = qui pendent mollement (les seins, les larmes).
- NCHÈEHTEH-MBÙO = avoir les seins pendants.
- NCHÈÈHTEH-CHEH-TSE = verser abondamment les larmes.

CHII = Dieu ; sol ; à terre = Sïh.
NCHINGTEH = produire des fruits en grappes pendantes. Verser abondamment les larmes. Faire couler des larmes en grappes.

LE SON « CHO »

NCHÔHÔP
NCHÔÔPH = empoisonner, mettre un fétiche (ici le P est articulé comme s'il était suivi d'un 'E' muet).
Interdire l'accès par un fétiche.
= commettre un acte qui interdit aux autres le bénéfice d'une affaire, qui interdit la libre jouissance. Acte de malédiction.

CHÔP = malédiction causée par l'acte d'un membre défunt de la famille.

Endroit où l'on découvre le signe de cette malédiction (trou ou vide trouvé dans le sol) = procédé fétichiste visant à punir.

MTCHÔP = le poison, les fétiches.

TCHÔP = pioche droite, très tranchante, ensemble d'herbes, débris brûlés enterrés pour rendre le foyer plus fertile.

NCHÔP = forger un instrument en fer ou en acier.
= marteler la surface d'une pierre à moudre les grains, pour la rendre plus tranchante.
- NCHÔP-LOM = forger.
- NCHÔP LANG = marteler la surface de la pierre à écraser.

NCHÔPTEH = frapper par petits coups un balafon, le xylophone. Annoncer le début d'une danse par des tambours et des balafons.

NCHOK = piquer, donner un coup de bec, de dard, mordre en parlant des serpents, des insectes.
= être tranchante, en parlant d'une arme blanche.
= être piquant, en parlant d'un fruit, d'un vin, d'un liquide acide.
= être sévère.
= gronder, réprimander.

NCHOKTEH = picoter, avoir des picotements parlant d'un organe du corps.

NCHOÛHOUH
NCHOUOUH = piler, cogner de manière à enfoncer le bout. Couper ou fendre sans séparer les parties. Couper en menus morceaux.

NCHOÛHOÛHTEH NCHOUOUHTEH = piqueter, déchiqueter.
= rassembler, regrouper, réunir, amasser, économiser.

NCHOÛHOUH = rincer un récipient en le secouant, aboyer.
- NCHOÛHOUH NTÙ = rincer la calebasse.
- NVUH CHOÛHOUH = le chien a aboyé.
NCHOUOPTEH = doubler, mettre plusieurs à la fois. Semer dans un champ déjà ensemencé. Mettre les objets les uns sur les autres.

CHOUEH CHOUOH = la bouche, l'ouverture, l'orifice, la parole.

NCHOUHOH
NCHOUÔH = déraciner, enlever ce qui est planté, enlever une maladie par pratique magique; ne plus payer une marchandise retenue ou achetée. Faire de la diarrhée.

NCHOUEH
NCHÔUÔHE = prendre peur, avoir peur, avoir crainte, craindre.

CHOUÔH = échappatoire, sortie de secours, sommet d'un édifice, d'une toiture.
= le poltron, le peureux, l'intimidé = CHOUETOOH = 'CHOUÔTOOH' (qui a peur des fesses, du sexe, du vagin).

NCHOUETEH
NCHOUÔHTEH = arracher par endroits.
= avoir certaines parties de la peau arrachées. Tomber en miettes.

NCHOUHÔTEH = parler sans contrôle, dire ce qu'il ne fallait pas dire devant une fascination, une attraction.

CHOUEH-MLAM
CHOUOH-MLAN = fenêtre, petite ouverture pour aérer la maison, la case.
Étymologie : ouverture, bouche des mauvaises odeurs.

CHOUEP
CHOUOP = dons cotisés, cotiseur, celui qui se plaît de la peine d'autrui.

NCHOUOP = mélange médicamenteux à multiples produits et d'eau ou de l'huile de palme.
CHOÛH
CHOUOÛH = la guerre, les hostilités.
NCHOÛH = arrêter, serrer entre les bras, dans les mains, attacher sommairement un paquet, un fagot, un sac.

NCHOÛHTEH = attacher comme ci-dessus en plusieurs paquets, plusieurs sacs.
= coudre grossièrement.

NTCHOUH
NCHOUC = piler, piocher la terre, creuser un tronc avec une hachette.

NTCHOUHOUH
NCHOUC-HOU = aboyer en parlant des animaux.
= rincer un récipient à l'eau en le secouant.

TCHOUH-TOUOH = vinaigre obtenu en rinçant la calebasse à vinaigre, donc de médiocre qualité.
Figuré : homme sans valeur, peu intelligent, médiocre, pas sage.

TCHOUH = éponge, matière spongieuse.
- TCHOUH-NLÔÔH = éponge d'igname « boôh » séchée et vidée de sa matière amidonneuse.

TCHOUH-LO = personne naïve, pas intelligente, pas sage, sans valeur comme vidée de sa matière grise.

TCHOUÔH = fruit comestible en forme de l'épi d'une plante herbacée, plus acide que sucré, qui est produit à la base de la tige, rouge foncé à la maturité absolue.

TCHOUÔH-NKÔH = fruit semblable au précédent, mais avec une coke ou enveloppe à angles multiples, utilisé, séché comme condiment.

TCHÔHÔP
TCHOÔPH = pioche droite.
= labour qui consiste à enterrer les herbes et à les enflammer pour éviter l'envol des particules de leur cendre qui fertilise le site.
TCHOÛHTE TCHOUHOUTE = réunion, rassemblement, association

NTCHOÛHTEH
NTCHOUHTEH = réunir, rassembler, s'assembler, former un tas
= piqueter avec instrument pointu et tranchant.
- NTCHOÛHTEH PÔHÔH = rassembler les enfants.
PEH TCHOUHTEH
- PA TCHOUHTE NBIAP WAP = unissons-nous pour les attendre.
- E LEH SIAP TCHOUHTEH MBOUH MIÉ = il a piqueté ses mains avec une aiguille.
- TCHOUTE POOHTSEH = mets les effets en un tas, ramasse les affaires, les effets.
POHTEH (les petites choses).

TCHOUHOÛH
NTCHOUOÛH = le pilé, aliment pilé.

TCHOUHEH = la tortue.
TCHOUHEH-MEKOUOH

TCHOUHENE
TCHOUEHNE = ciseaux, geai.
TCHOÛHEH = le chat sauvage.

NB : prononcer les « H » au milieu et à la fin des mots comme une lettre intermédiaire entre le « E » muet et le « H » muet. Ce râle bronchique ressemble à celui d'un individu qui défèque. C'est cet accent qui défrancise le mot à prononcer.

LE SON « CHI »

NCHIHAH
CHIIAH = envoyer, expédier. Il se conjugue en ajoutant « T » au début.
- GUEH TCHIIAH = j'ai envoyé, expédié.
- PIÉ TCHIIAH TEH = nous avons envoyé en haut, eux et moi ou lui et moi.
- PA TCHIIAHSI = envoyons en bas.

NCHUHÛH CHÙÙH = secouer à la main quelque chose.
- CHÙÙH MTOÔH = secouer les feuilles mortes des bananiers pour faire sortir les criquets.

CHÙÙH NAAH = fabriquer la sauce à l'huile de palme en secouant un mélange d'eau, d'huile, de vinaigre et des condiments écrasés.

NCHÙHÙHGNEH
CHÙÙHGNEH = secouer, semer la panique, causer des troubles, secouer un arbre pour faire tomber ses fruits.

CHIHIH CHÏH = Dieu.

NCHUHUM
CHUM = tomber en parlant des fruits, d'une personne perchée ou suspendue.
= rendre l'âme en parlant d'un malade grave.
= être dans la période féconde en parlant d'une chienne.
= résonner en parlant d'un tambour, d'un tam-tam, d'une voix
- TSEH CHUM = la kola est tombée (gousse).
- É FEH TEH CHUM = il est tombé du haut.
- TAÂH CHUM = mon père a rendu l'âme.
- BVÙH A CHUM = ma chienne est en gestation.
- TEM CHUM = le tam-tam résonne.
- GUÏ MDJUI YA CHUM = cette femme a une belle voix, une voix haute.
- NKÙOH CHUM = le raphia a produit du vin, il a saigné, tomber goutte à goutte.

NCHÙHÙTEH CHUMTEH = tomber goutte à goutte, en gouttes légères OU TCHÛHUMTEH (la pluie, le sang, etc.).
= tomber comme des gouttes en parlant des objets.
= mourir à une cadence accélérée en parlant des personnes.

BANG - BEANG WOUO CHUMTEH = les premières gouttes de pluie tombent.

BEHANG - POÔH MNANG WOUOH CHUMTEH = les gens meurent à la cadence des fruits qui tombent.

- NCHUM = jeune pousse, jeune plante qui produit pour la première fois. Cet adjectif précède le nom qu'il qualifie.
- NCHUM TSEM NDOCK = jeune avocatier.

NCHUM TSEH = jeune colatier.

CHUHÂTE
CHUÂTE = celui qui amuse, celui qui initie, qui enseigne.

NCHÛATEH = amuser le bébé, initier, enseigner, apprendre à quelqu'un.

CHUHÈH = sorte de grelot que les femmes portent aux chevilles pour danser.
= grelot fixé au bout d'une tige en bois et que les hommes secouent ou cadencent pour rythmer la danse.

CHOUÂH = castagnette fabriquée avec de fines lianes de bambou raphia ou de rotin et dans laquelle on met des grains spéciaux pour rythmer les danses funèbres, danses avec des flûtes et autres.

CHUIHETEH = finir complètement en parlant d'un liquide (huile, vin, eau, vinaigre, pétrole) contenu dans un récipient.
= cesser en parlant de la pluie.

NCHUYEHGNEH
CHUYEHGNEH = prier, supplier, demander avec courtoisie, avec humilité.

CHUYEHGNEH
CHUYEHGNEH = la prière, la supplication, une demande courtoise, humble.
MCHUYEHGNEH = les prières, les supplications, les demandes, les sollicitations courtoises.

CHOUHYÈH = le caméléon.

TCHOUHOUH
NCHOUÔUH = la souche, au pied, sous, le dessous, la croupe, le train arrière d'une personne, d'un animal).

CHOÛPOUH = la dysenterie, le choléra (quand elle arrête ton bras, elle ne te lâche pas).

LE SON « DA »

NDAHÂH
NDÂAH = se fâcher, être triste, être mécontent, se mettre en colère.

NDACH = fermer par pression (bouton), fixer à l'aide d'une pointe.
Figuré : renseigner quelqu'un, le mettre secrètement au courant d'une affaire, d'un fait à venir ou en préparation.
• NDACH NGUEH TANG MO = le mettre en garde, au courant d'un fait en préparation qui le concerne.

NDÂHÂGNEH
NDAÂHGNEH = dire au revoir, dire adieu, interdire de…, aviser de son absence.
- GUE LAÂHGNEH MÂHÂ = j'ai dit au revoir à maman.
- GUE LAÂHGNEH O' NE PIING NKOO NDIEH em = je t'interdis d'entrer encore dans ma maison.

• É LAÂHGNEH TCHOUCTE = il a avisé de son absence à la réunion

NDAHAH NDAÂH = coller, lier, se coller.
NDAHAGNEH NDAÂHGNEH = coller, lier, relier, lier d'amitié, se lier d'amitié avec autrui.

NDÂH = lécher, la case, la maison.
NDAHÂH = maison, faire cuir.
NDÂHÂGNEH NDAÂHGNEH = rester calé entre le point de départ et le point d'arrivée.
= être arrêté au cours d'une chute par un obstacle.
• NTIÉ NKUÉ LACHGNEH NTEH = une tige de bois est restée suspendue ou calée en haut.

LÂHÂGNEH - KEKEH LACHGNEH NTOUONG EM = un arrêt est calé dans ma gorge.

NDAHÂTEH = montrer, indiquer.
NDAKTEH = ramasser petit à petit, ramasser les miettes, manger les miettes.

- GUE LAKTEH NKAP = j'ai réuni de l'argent, sou par sou.
= raconter de petites histoires, diverses histoires.
- NDAKTEH MNOUEH = raconter les histoires de diverses origines, qu'il ne valait pas la peine d'évoquer.

NDAKGNEH = réduire en poudre, faire disparaître par élimination, par destruction sans laisser de traces.

NDAM = guerre d'une lame en acier qui entre dans le...
NDÁHAGNEH = apprendre, s'instruire, instruire, s'initier, enseigner (de l'anglais to learn).
Synonyme = NDJICH ou NDJICHTEH.

NDAHAMGNEH NDAMMHGNEH = sentir bon, avoir une bonne odeur.
NDAHAMH NDAMMH = sentir mauvais, avoir de mauvaises odeurs.
NDAHAMTEH NDAMTEH = réchauffer un repas, un mets.
NDAMMTEH = rcstcr tranquillc, calmc.
Figuré : rester ferme, implacable, solide.

NDAHAMGNEH
NDAMGNEH = voltiger en masse autour, en parlant des insectes.
Figuré : s'agiter en masse, en désordre.

NDAHAMGNEH
NDAMGNEH LÔH = pleurer en masse d'une manière désordonnée.

NDAHANG
NDANGH = porter le deuil.
NDEHHANGH

NDANG'ANGH = viser approximativement juste.
NDENHANGTEH
NDANG'ANGHTEH = viser, ajuster correctement.
= tenter quelqu'un, chercher à lui faire du mal.

DENHANGNEH
NDANGGNEH = avoir de l'éclat, luire, reluire, être doré.

Reluisante en parlant d'une inflammation, d'un abcès mûr.

NDEHAPTEH
NDAPTEH = balancer fébrilement, balancer fébrilement la queue en signe de reconnaissance, parlant d'un chien.
= féliciter, remercier quelqu'un pour un bienfait (ailleurs).

NDAPH = fil, ouate, coton.
NDAP-KOUKOUOP = le coton, fil de coton.
NDAP-KÙOH = fil de chanvre.

NB : les verbes ayant la racine en « DA » se conjuguent en remplaçant ce « D » en « L », sauf à la forme progressive.
Ceux en « DE » se conjuguent comme ci-dessus en transformant le « D » en « L » sauf à la voix progressive.

NDAHAMH
NDAMMH = sentir mauvais.
NDÉHÉH = regarder.
GUE LAMMH– O LÉHÉH
PAH LAMMH—POOH LÈHEH
WAP LAMMH = ils ont senti mauvais.
WAP LÈHÈH = ils ont regardé, cherché. Forme progressive.
POOH WOUO NDÉHÉH = vous êtes en train de regarder.
POOH WOUO NDAMMH vous émettez de mauvaises odeurs.
L'action continue.

SON « DE »

NDÉHÉH = regarder, chercher, observer, veiller sur…

NDÉHÉTEH = regarder furtivement autour de soi. Regarder surpris, dépassé.
- GUEH LÉHÉTEH = j'ai regardé étonné.
- O LÉHÉTEH = tu as regardé surpris.
- É LÉHÉTEH = il a regardé surpris.
- PAA LÉHÉTEH = nous avons regardé.
- POO LÉHÉTEH = vous avez regardé ébahis.
- WAP LÉHÉTEH = ils ont regardé ébahis.

DÉHÉ
NDÉÉH = sortes de castagnettes formées des corpus d'un fruit sec liées sur une étoffe qu'on attache aux mollets pour rythmer les pas de danse.

NDEHEH NDEH = berceur, serviteur, servant, serveur.

NDEHEH = bercer, servir, donner la fête.
= colique des voies biliaires, gastrite.

NDÊHÊTEH
NDÈÈTEH = garder silence, cesser le bavardage, cesser de pleurer, arrêter de parler.
Adjectif : être ferme, solide, implacable.

NDÊHÊTEH
NDÈHÈTEH = faire le frivole, aimer les friandises, avoir de petits goûts, faire le bébé.

DÊHÊDÊH
NDÈHÈH - NDÈH = frivole, friand, paresseux, peu sérieux.

DÊHÊH
NDÈH = calebasse servant à garder de l'huile de palme.

NDEHETEH
NDEHTEH = sautiller, cambrioler, étinceler
Figuré : parler en s'agitant, parler en abondance sans respect, en faisant comme un cabri aux côtés de sa mère.

NDIHÏCH
NDÏCH = être friand, aimer les friandises.

NDIHIYH
NDÏCHIYH = avoir le goût pour, souhaiter manger un mets précis.

Désirer quelque chose.

NDIHÏH
NDÏH = dormir, s'endormir, passer la nuit.

NDIHYIH
NDIIH = suivre les traces, chercher les indices.

NDÏHTEH = dormir partout, être endormi partout en parlant des habitants d'un village.

DIDÙM = petit fruit en forme d'épi, à pépins sucrés et sacrés, d'une plante herbacée, utilisé pendant les cérémonies (mariage, naissance, danse, etc.) pour attirer la bénédiction de Dieu.

NDIYINGH = combler, remblayer, tapisser le fond, recouvrir le fond avec un linge, un tapis, des feuilles, des herbes, etc.
= petite termitière, dans les maisons, les habitations, qui ronge le matériel.

NDIYING
NDIINGH = remarquer, reconnaître.

NDIHINGTEH
NDIINGTEH = examiner, admirer, observer un objet, une personne, un animal, etc.

NDIHINGNEH
NDIINGGNEH = compléter, faire le plein, remplir jusqu'aux bords, compléter pour faire un chiffre rond.

NDINHINGNEH
NDINGGNEH = transporter à deux ou à plusieurs un objet, une personne, une charge.

NDÙHUM
NDÙM = v. blesser, se blesser.
NDIÙM = vampire, sorcier, méchant.
NDIUM = avoir un goût sucré.

NDUHUMTEH
NDIÛMTÊH = être sucré, bien salé.
NDÙHUM
NDÙUM = cacher, ne pas montrer, révéler.
NDÙHÙMGNEH
NDÙMGNEH = se cacher, faire en cachette.

NDÛHÛCGNEH
NDÛÛKGNEH = ne pas s'entendre avec autrui.

DÙHUK
NDÛÛKH = affront, rivalité, entêtement.

DÙHUK
NDÙK = tambour d'appel à deux lèvres.

NDÛHÛHTEH
NDÛKTEH = soutenir de part en part.
= façonner sommairement.
Figuré : façonner une nouvelle de toutes pièces. Inventer ou truffer une nouvelle vraie de fausses pièces.
- NDÙKTEH PAÂH = soutenir une maison de toutes parts.
- NDÙKTEH MNOUEH = façonner une nouvelle de toutes pièces ou la falsifier.

NDÛIIUII
NDÛÛCH = poser un piège, soutenir quelque chose.

DÙHUH NDÙH = la course.
- KÙUH NDÛH = courir, faire la course.
- CHÛHATEH NDÛH = trotter, aller au petit trot en parlant des hommes.

NDÛHÙH = se fondre, se liquéfier en parlant des huiles.
DÛH = la liane de bambou raphia.

NDUMCHEH = mal de ventre chez la femme, hydramnios.

NOTA BENE : les verbes ayant la racine en « DI » et « DU » se conjuguent en transformant le « D » en « T », sauf à la forme progressive.

Forme accomplie	**forme progressive**
GUE TÙMGNEH	GUE WOUO NDUMGNEH
O TÏH	O WOUO NDÏH
É NTÙUM	É WOUO NDÙUM
PAA TIINGTEH	PAA WOUO NDIINGTEH
POO LINGGNEH	POO WOUO NDINGGNEH
WAP NTÛKTEH	WAP WOUO NDÛKTEH
Je me suis caché	je me cache (en train de)

Tu as dormi	tu dors (en train de)
Il a caché	il cache (en train de)
Nous avons observé,	nous observons, examinons
Vous avez transporté	vous transportez à deux
Ils ont bricolé	ils bricolent, façonnent

NDUM-MAJOUONGH = commando-suicide.

SON « DO »

DÔH = malédiction, sommet (arrondi).

NDÔHÔH NDOÔH = demander, emprunter, être rempli.
NDOHOGNEH
NDOÔHGNEH = compléter le remplissage, remplir complètement, être potelé, dodu, sans vide.

NDOM = se marier, marier, faire cuire.

NDOHOM NDOOM = ramper en parlant des plantes.
N.B : voir additif.

DOHOMGNEH DOMGNEH = adj. Abondant, à l'infini.
Nom. = infini, une affaire qui ne finit pas, une maladie qu'on n'arrive pas à guérir.

NDÓHOMGNEH
NDOOMGNEH = qui va en rampant, de proche en proche, qui ne finit pas.

NDOPTEH = flatter, amadouer pour tromper.
NDOCH = calmer, adoucir, acquérir avec douceur et persévérance un bien, prendre soin, se prémunir.

NDOHÔPGNEH
NDOPGNEH = flotter autour, laisser un vide autour, ample, qui ne serre pas.
NDOPNEH = prendre soin de son corps (manger assez, se servir comme l'on peut de quoi se nourrir, se soigner).

NDOPTEH = se mettre sur ses gardes, s'éloigner du danger le plus vite possible sans penser à d'autres.

NDOUHÔH NDOUÔH = garder, cacher.

NDOHÔH NDOÔH = guerroyer, combattre, esquiver.

NDOHÔTEH NDOÔHTEH = éviter, être sur ses gardes, éviter les dangers de toute nature.

NDOHÔHGNEH NDOÔHGNEH – s'empresser, agir vite, avec vivacité, avec précipitation.

NDOUHÔH NDOUÔK = maigrir beaucoup, pâlir, chétif.

NDOUHONG NDOUONG = paresser, être gluant.

NDOUWONG = paresseux.
NDOUHONGTEH NDOUONTEH = laisser couler abondamment et paresseusement (mauve, larmes).

DOUHONG NDOUONG = flûte, sifflet, klaxon, avertisseur sonore.

NOUOPH NDOUHOPH = fertiliser, mettre du fumier sur, engraisser le sol, enduire de matières grasses.

DOUHOP NDOUOP = tissus teintés avec rainures blanches pour les danses nobles, achetés jadis sur les marchés de Ndop au nord-ouest du Cameroun.

NDOUKHOUH = produire un régime, un épi (bananier, tige de maïs, raphia).

NDOUHOUH NDOÛOÛH = se lever, se redresser, s'écarter, entrer en érection, s'effacer, laisser la place occupée.

NDOUHOUTEH NDOÛOUHTEH = se lever çà et là, se lever les uns après les autres.
- GUEFAH LOÛOUHTEH = les jeunes pousses de maïs s'élèvent çà et là.

PÔHÔANANG - PÔÔ MNANG WOUO NDOÛOUHTEH = les gens se lèvent les uns après les autres.

Les verbes en « DO » se conjuguent en transformant la lettre « D » en lettre « L » sauf à la voix progressive.

GUEH LOUH ou LOUHÖUH, je me lève, je me suis levé.
PEH LOUHOUH = levons-nous, quittons!
POH LOUHOUH = levez-vous, quittez!
WAP LOUHOUH = ils se lèvent, se sont levés.
PIEH KEH LOUHOUH = nous nous étions levés, effacés, avions quitté.

SON « FA »

FAHÂH NFÁÁ = trou, orifice, faille, jalousie, créneau.

NFAHAH NFÂH = se noyer, voler en parlant des termites et autres insectes ailés.

FAH NFAH = vent, brise, tornade (NFAH BANG).
FAH-BANG NFAH-BANG = tornade, orage, tourmente.

NFAÂH NFAHÂH = souffler pour activer le feu, pour gonfler, pour découvrir un trou sur un récipient.

FÂHÂH NFACH = le travail, œuvre, agissement, corvée, occupation, métier.
NFACH-ÂH = travailler, œuvrer.

NFAC-NPOÛH = mouvement violent du bras. Mal provoqué par ce mouvement.

NFAKHÂTEH NFACTEH = culbuter, trébucher, se renverser sur un obstacle, faire obstacle à quelqu'un, lui faire du mal.

FAKHÂTE NFACTE = culbute, obstacle, traquenard.

FAM = lieu abandonné.
- FAM-PÉH = concession abandonnée.
- FAM-LAAH = village abandonné.
- FAM-NDIÉH = maison abandonnée.
Celui qui a moisi dans la maison.

FAHA-PÙOH FAÂH-PÙOH = sac vide (qui ne contient que de l'air).

EAPTEH = attache, nœud de sécurité.

MFAM = les moisissures.
NFAMTEH FAMTEH = être sale, recouvert de moisissure.
FAHAM NFAMM = premier ministre, école de guerre, d'administration et de magistrature dans un royaume bamiléké.

NFANHANG NFANHANG = tirer, traîner, attraper une grossesse.

NFANHANGNEH NFAHANGNEH = tirailler, se tirailler, disputer indéfiniment.

NFANHANGTEH NFAANGTEH = tirer en deçà, chercher à baisser la valeur d'une chose, tomber enceintes les unes après les autres ou toutes au même moment.

NFANHANGNEH NFAANGNE = tiraillements, disputes interminables.

FAMM = adj. Profond, sourd (bruit caché, lien SON « FE »).

FAH NFEH = frère, sœur NFEH-É = son frère.
NFEHA = mon frère NFEH YOK = notre frère à nous.
NFEHAO = ton frère NFEH YOKPA = à nous tous.
NFEH YOH = votre frère NFEH YAP = leur frère.
MFEH-POK = nos frères MFEH-POK PAH(PEH) = nos frères.
MFEH-PÔÔH = vos frères MFEH-PAAH = mes frères.
MFEH-NPAP = leurs frères MFEH-POUOUA = tes frères.
MFEH-PIEH = ses frères.
MFEH PEHE = mes frères, mes frères et sœurs, mes sœurs.
MFEH-MFEH = frères des frères, frères de tous les horizons, frères de tous les ordres (frères et sœurs).

FEFAAH = le vent, la brise.

FEHE = plume d'oiseau, feuille morte ou peau morte et fibreuse du bananier, aile de l'insecte.

FEHEH FEEH = étain, de l'étain, fer blanc.
MFEHEH = les plumes d'oiseau, les ailes d'insecte, feuilles et écorces fibreuses mortes du bananier = orgueil, vantardise, arrogance.

NFEHEH PFEH = suinter, jaillir en parlant d'une source d'eau, saigner en parlant des arbres.
= revenir de ... rentrer.
- CHEH PFEH = l'eau a jailli, est sortie de terre.
- NKÙOH PFEH = le raphia a saigné (le vin y coule).
- TAAH PFEH SIM = mon père est revenu du marché.

FEHFE = gelure, très fine pluie accompagnée de la froidure.
= bourreau chargé de la sentence de mort, de son exécution.

FEHFEH = blanc, de couleur blanche, gris.

NFEHEH = pulvériser un produit liquide, liquéfié, un produit mâché.

FEHETEH = tomber en fines gouttelettes (pluie).

NFAHETEH FEHTEH = s'agiter, réagir par un mouvement des muscles et des membres pour se libérer d'une étreinte, des liens.

FAHÂPTEH = boucle de sécurité dans une attache.

NMAHÂH FAHÂPTEH = réaliser la boucle de sécurité.

SON « FI »

NFÏH = musaraigne.

NFIHIMTEH FIMTEH = sucer.
NFIYNGH = vendre.
FIINGH = plaie, blessure.

NFINHINGNEH FIINGNEH = se croiser, dépasser, croiser en marchant, rencontrer.

NFIHIK FFICH = descendre, produire un grand régime (bananier, palmier, etc.).
= enfler, s'enfler, une inflammation cellulaire d'une partie du corps humain.

NFIHÏKH FFFÏCH = arroser, verser à terre le contenu d'un sac, d'un récipient, etc. (FFÏCH-SÏK) = verser à terre.

NFIHÏKTEH FFÏCHTEH = arroser légèrement, verser un peu d'eau pour bénir, pour attirer la bénédiction de Dieu ou des ancêtres.
(FFÏCHTEH-CHEH) = verser légèrement de l'eau.

SON « FO »

FOH FOOH = roi, monarque.
FÔK = être de couleur blanche, grise.
NFOKHOH = luire en parlant de la lune.
= souffler sur quelque chose pour chasser la poussière ou la saleté légère.
- sur la braise pour l'activer.
- sur un mets chaud pour le refroidir.
- sur une blessure pour atténuer la douleur.

NFÔHÔKTEH FÔKTEH = souffleter sur…
= flatter pour tromper.
- É FOKTEH'A NKUI NKAP'A = il m'a flatté pour prendre.

NFOHÔH NFÔHOH = mesurer, imiter, faire la diarrhée, essayer.
- É NFÔHOH NDZE É = il a mesuré son vêtement, essayé son habit.
- É ¨NFÔHOH SOH É = il a imité son ami.
- VAM TSIE WOUO NFÔH É = il fait la diarrhée.

NFOM FFOM = serrer entre les bras, fortement.
Figuré : prendre de force, arracher.

FFOMTEH = croiser deux objets, surtout des tiges et les lier pour les rendre plus solides.

NFOH = le manche d'un instrument en fer surtout la hache (NFOH-NDJOM).

NFÔH = le tibia, le défaut, la défaillance.
- GUE POÔH NFÒH « A » = j'ai cassé mon tibia.
- O TÙM NFÒH A = tu as paré à ma défaillance, tu as caché mon défaut.

FOOGNEH = être désordonné, sans règle de bienséance, sans respect, ne pas éviter la saleté, violer les bonnes mœurs.

FOKGNEH = prendre la couleur blanche, blanchâtre.
= fasciner, hypnotiser quelqu'un, faire faire par procédé mystique un acte qu'on ne devait pas faire.
- NDZEH YANG WOUO FOKGNEH = cet habit est en train de blanchir.
- É FOKGNEH A NGWA NKAP'A = il m'a hypnotisé et j'ai perdu mon argent.

FOPGNEH = tourner dans… la poudre, les matières poudreuses ou pâteuses.
- FOPGNEH MOCK = tourner sous les braises ou sous la cendre.

FÔHOPTEH = aspirateur, aspiration des liquides et de l'air.
NFOHÔPTEH FOPTEH = boire comme par aspiration un liquide, un mets liquide.

NPFOHÔTEH NPFÔPTEH = couvrir, se couvrir, protéger.
- PFOPTEH NGOP = couvrir la poule.
- PFOPTEH MSÈH = protéger la farine de maïs.
-PFOPTEH NBANG = se protéger de la pluie.
NPFÓHÓTEH PFOOTEH = tapoter, donner de petits coups sur un objet, un récipient.

FÓHÔHTEH = essayer un peu, essayer lentement imiter un peu.

FOHÔGNEH = mesurer comparativement deux ou plusieurs objets. Rivaliser en force, en richesse, etc.

NFÛHÛTEH NFUCHTEH = reculer, pousser, se reculer, déplacer en traînant.

FÛHÛH NFÙÙCH = charançon, biens, profit.
- NFÙÙCH TSÚH NDIING = le charançon a mangé le bambou.
- BÔO TCHANG NFÙÙCH = tu cherches trop le profit.

NFÛHUM NFUMH = tromper, rendre étourdis (les jumeaux).

MFÙM = tromperie, mauvaises transactions, compte qui laisse exprès certains objets au profit du compteur, malversation comptable.

FÔP = insecte qui ronge les ignames, grain d'arachide ou autre, atrophié.

MFÔP = grains ou autres atrophies.
Fig. = fausses grosses personnes, sans résistance, sans force.

FÚM = tourbillon, instrument en peau de bananier, ou autre pour lancer les pierres, catapulte.

NFÚHUMGNEH FÚMGNEH = qui se trompe facilement, qu'on trompe facilement, naïf, irréfléchi ; se tromper facilement, se laisser tromper, ne pas avoir la vigilance. Qui oublie la bienséance, sans pudeur, impudique.

FÙHUH NFÙH = cécité, l'aveugle.

FÛHÛH NFÛÛH = tromperie, ruse, malignité, agissement malhonnête.

NFÙHUH NFÙÙH = tromper.

NFÙHÙTEH NFÙÙHTEH = mentir.
Se conjuguent :
GUENFÙÙH É = je l'ai trompé.
O NFÙÙH « A » = tu m'as trompé.
É NFÙÙHTEH = il a menti, trompé.

(nous sans vous) NPIÉ NFÙÙH WAP = nous les avons trompés,
(moi et toi, vous et nous) PAAH NFÙÙH WAP = nous les avons trompés.

SON « GA »

GAHAH NGAAH = fusil, arme à feu.
NGAPEH = partager, diviser, distribuer.
NGAPEHTEH = partager en plusieurs parts, distribuer.

GAPH NGAP = antilope.

NGAHÂP NGAAP = une semaine, sense.

NGAKH = fruit très coriace à chambres multiples et noyaux. Plante grimpante, produisant ces fruits.

NGAK = pilier, soutien, support.
GAMM = sauterelle.

NGAM = belle-mère, belle-sœur.

NGAHAMTEH NGAMTEH = honorer, respecter, donner des considérations, rendre hommage.

NGAHÂH = arbre à feuilles larges et à sève blanche, très collant, voisin du caoutchouc.

NGAHÂH-TSEH = arbre semblable avec feuilles plus coriaces, planté le plus souvent dans les places publiques, pour se protéger de la chaleur et même de la pluie.

NGANG = cris de détresse émis surtout par les femmes.
NGANGNEH = publicité, emphase, réclame, vantardise.

NGAAH-MELOUBOUH = poison projeté et qui pénètre directement dans le corps de la personne visée. Poison propulsé comme un coup de feu.

SON « GO »

GHOMTE = bavarder, reprocher, gronder.
GHOMSÏH = parole de Dieu.
NGÔHÔH = campagne, brousse, zone inhabitée.

NGÓHÓH NGÓÓH = demander secours, de l'aide pour l'accomplissement d'un travail, d'une affaire.

NGÓHÓHGNEH NGÓÓHGNEH = demander l'aide de toutes parts pour accomplir une mission.
= provoquer les gens par dénonciation à haïr quelqu'un, à nuire à quelqu'un.

GOHGNEH = (éloge) fille de Wabo, de Gnieh.
NGÓHÓH = être malade.
NGWOH = maladie.

NGÔHÔHGNEH NGÔOGNEH = agir avec somnolence, être comme dans le rêve.

NGÔHÔH NGÔÔH = s'en aller, partir, aller.

NGUEGHÔH = agir confusément, agir comme une personne anormale.
= papillonner, comme un papillon qui vole, commettre l'adultère.

NGÔHÔHTEH = féliciter, remercier, adresser des encouragements.

NGOHÔH-YOUEH NGOÔH-YOUEH = être avare, l'avare, l'égoïste.

NGHOÔH-YOUEH = l'avarice, l'égoïsme.

NGÔP = la poule, le poulet.

NGÔPTEH = être prêt à déborder en parlant des larmes, de la salive, avoir de la nausée.
- É GHÔPTEH CHEH-TSEH = il a les larmes aux yeux, il a les yeux pleins de larmes.
- NTOUONG'A'WOUO NGHÔTEH = j'ai de la nausée.

SON « GUI »

NGUIHIH NGUYIH = résonner.

GUÏHIH NGUIH = la voix, le son.
NGWIIH = rire, se moquer de quelqu'un, le ridiculiser.
WIHÏH NWÏH = le rire, la moquerie.

NGWIH = la panthère, le léopard = NOMGWIH.
NGWIH-GHEM = l'aigle, le vautour.

NGUIYNGH = marcher, circuler.
NGUIYNGTEH NGUYINGTEH = errer, circuler, aller çà et là, aller à la recherche partout.

NGUIHIEGNEH NGUIÈ GNEH = être spacieux, large, éclairé.

NGWUHÈGNEH GÜÈGNEH = être sur le point de vomir, de renvoyer.

NGUIHÈH = ouvrir, écarter.
NGWIM = tenir, porter, détenir, garder.

MGWIM-CHEH = se purger, faire un lavement, détenir de l'eau, apporter de l'eau.

NGWIMTEH = prendre soin de quelqu'un, le protéger, le guider, l'épauler.

GWING = conserve : d'igname, de patate, de plantain mûr, cuits et séchés.

CHUHÛH NGHÛÛK = la force, la résistance, la violence, la solidité.

SON « GUE »

GUEGNEH = sorte de parapluie fabriqué en moelle de bambou raphia, avec paroi à l'intérieur de laquelle on introduit une ou deux feuilles de bananiers et que les femmes portent sur la tête en marchant et sur le dos en cultivant sous la pluie. Il servait aussi de couverture ou de couvre-lit.

NPFÔHÔPTEH - PFÔPTEH GUEGNEH = se couvrir de GUEGNEH
- NOUONG NEH GUEGNEH = se coucher sur le GUEGNEH.

GHEM = épervier, oiseau de proie.

NGHEMM = pierre de couleur ocre, tirant sur du jaune ocre.

NGUEMHEMGNEH NGHEMGNEH = jaunir, prendre la couleur jaune.
- NKEHDEH NGHEMGNEH = la banane a jauni, est mûre à point.

NGUEMHEMH NGUEMMH = arrêter, attraper, saisir.
= croiser en parlant des animaux.

NGUEMTEH = avoir une certaine maturité.
= être assez âgé.

NGUEM = chanson satirique qui critique aussi bien les pauvres que les riches, les nobles et les rois.

GÙHUM NGUÙM = pré, prairie, enclos.
- NGUÙM-NDZEH = pré pour ovin et caprin.
- NGUUM-GUENOM = la porcherie.

GUENOM = porc, truie.

GUENOM-NGOOH = le sanglier, la baie, le marcassin.

GUEH FEH GUEFAH = le maïs, qui a la plume.

UEHSANGH GUESSANGH = le maïs, qui a la queue touffue.

GUEHEH NGUEHEH = la tige rampante, grimpante.

GUAHEH - NDJÛK HOUH NGUEHEH, étymologiquement = la pousse de pistache ressemble à la tige réelle = l'enfant ressemble au père ou à la mère. Surtout dans sa conduite, ses agissements, son comportement.

NGUÈH = racine, veines, artères.

NGUÈHÈH = le concerné, la personne désignée, celui… celle qui est propriétaire.

NGUÊ¨HÊH = attacher vulgairement, un paquet, une clôture.

NGUÊHÊHTEH = attacher, lier sommairement sans serrer les nœuds.

GUÈHÈH NGUÊH nom
NGUEYAH = refus, je refuse.

NGUÈHTEH = gonflé à l'excès, parlant des organes sécréteurs, les seins en particulier.

- BÙOH MIÉ GUÊHTEH = ses seins regorgent de lait parce que l'enfant n'a pas tété.

GÙHÙM NGUUMH = tige, brindille, tige fine.

NGÛHUM-CHOM = une tige de bois vert, une chicotte.

GÛHUM-EH = un piquet mince.

GÛHUM-MSIHI = un piquet mince, intermédiaire, intercalaire.

SON « A »

AHAH ? = où est cela, ça ?
AH YEHE = c'est là (prends) près de toi.
AH YANG ou YANGGUEH = le voici (près de moi).
AH YIEH GUEH = le voilà (hors de nous).
AHÏH = interjection, cri de douleur soudaine.
AH = signifie en un mot c'est.

SON « HA » H aspiré

HAH = donner, livrer, offrir, attribuer, céder.

HAKH = arbre au bois précieux de l'ouest-Cameroun.

NHAHÂTEH HAKTEH = faire mal comme si quelqu'un avait avalé des corps solides, durs piquants ou tranchants (mal de ventre).

N'HACHTEH = détacher en déchirant les parties d'un tout.
- N'HACKTEH NKEDEH = détacher les mains d'un régime de bananes.

N'HACKH = détacher en déchirant, s'arrêter pour une visite au cours d'un déplacement.

NHAHAPH HAAPH = séparer, détacher, partager.

NHAHAPTEH HAAPTEH = se séparer, désunir, se désunir.

M'HACH = les jumeaux.

N'HACKGNEH = déchirer en deux.

HAPGNEH = se séparer, séparer deux personnes en les opposant par des manœuvres.
= cesser la collaboration avec quelqu'un.

HAP = l'un des deux (jumeaux) et autres.

SON « HÉ » H aspirée

N'HÉHÉH HÉÉH = ouvrir en parlant des ouvertures des immeubles et des meubles.

N'HÉHÉGNEH HÉHGNEH = avoir les menaces de déléguer sans délai, démission immédiate.
- YOUOH WOUO HÉHGNEH « Aa = je suis menacé de déféquer ou d'uriner.

N'HÉHETEH HEHTEH = ouvrir un peu, écarter vers les bords.

N'HÉHEGNEH HEEGNEH = forcer un passage, bousculer, faufiler en bousculant.

SON « HIA » H aspiré

N'HIAGNEH HIAGNEH = se serrer, se bousculer, bousculer, agir à la hâte.

N'HIAPGNEH HIAPGNEH = serrer, coincer, serrer sous l'aisselle, être étroit, serré. Contraire : NDOPGNEH.

N'HIAH HIAH = visite que les parents (mères, tantes, sœurs) de la fiancée rendent au fiancé ou à ses parents en emportant de la nourriture à titre onéreux.
= prendre de force et malhonnêtement la chose d'autrui.
= appuyer, presser, compresser.

- DJUIGHUOH GHO HIAH YOUOH NCHE É = la fiancée est allée rendre visite à son beau-père.

- É HIAH YOUOH MOH = il a pris de force, malhonnêtement la chose d'autrui.

- HIAH DIDIEH = appuyer sur la porte.

- HIAH NDZEH NTUM PUOH = presse les habits dans le sac.

N'HIYAH = prendre soin, s'occuper, entretenir, une femme et l'enfant qu'elle vient d'accoucher, d'une jeune fille en préparation au mariage (mououdjéh).

HIALÁH = qui domine le royaume, le pays, le village.
= lieu où réside le roi, le chef.
= capitale, quartier général.

N'HIATEH HIATEH = discuter en essayant d'étouffer le vis-à-vis ou les autres.
= discuter malhonnêtement.

N'HIHIMH N'HIMH = introduire avec force dans un sac déjà plein, dans la bouche pour étouffer.
= forcer à déclarer ou à accepter.

N'HIHIMTEH HIMTEH = introduire de force çà et là, en désordre, de part et d'autre.

HIAPTEH = aisselle.

HIHÈGNEH HIÈGNEH = entre deux objets, A. suivre, fourches, deux haies.

HIHÈTEH HIETEH = entre deux haies, un angle.

SON « HO »

N'HOHÔH = se tromper, se culpabiliser, commettre une faute.

N'HOHÔHGNEH = se tromper, confondre une chose à une autre, une personne à une autre.

N'HOK = balayer, essuyer, ramasser tout.

N'HÔKH = pourrir complètement (un fruit, un tubercule, un abcès, une plaie).

N'HOKTEH = essuyer légèrement, caresser, flatter pour tromper.

HÔMM = tringle de bois dur servant à faciliter la fente de bois.

N'HOMMH = huit, chiffre numéral cardinal.

HOMH = Baham, groupement des hauts plateaux.

HOM-MOH-DIEH = arrondissement, préfecture, de même nom.

HOMTEH = faire une douleur à l'impression des crampes gastriques.

H aspiré

N'HUIH = refroidir, être refroidi.

N'HUHIH = frais, non sec.

N'HUHITEH = se reposer, s'améliorer en parlant de l'état de santé d'un malade. S'arrêter de crier, de pleurer de faire du bruit.

M'HUIH = la fièvre, le paludisme, la froidure.

HÛHITEH = le repos, la retraite, le calme, la paix, la tranquillité.
- GUE WOUO HÛHITEH = je me repose.
- ÉH GHOH NE HÛHITEH = il est à la retraite.
- HÛHITEH TEH DEMTCHÂHA = il n'y a pas la paix dans le monde, sur la terre.
- TSUCK WOUO HÛHITEH = il fait frais.

HÛMH = bénir par pulvérisation de la salive.
= maudire aussi par pulvérisation du « sock », sorte de fruit à pépins au goût de piment mâchés, sur une personne qui a calomnié.
- NDEH SOCK HÛMH MOH = cracher par pulvérisation du sock mâché sur quelqu'un qui a calomnié.

HÛMTEH = pleuvoir légèrement, pulvériser légèrement quelque chose pour le rendre plus souple, moins cassant.

HOUÉ HOUWÉH = chauffer un peu.
= agir avec précipitation, agir dans la confusion, comme si on était brûlé ou chauffé.
- MOOH HOUWÉGNEH LÔÔH = quelqu'un a pleuré confusément.

SON « JA »

JACK = la vipère.

NJAACKH = manquer, ne pas posséder.

NJACKHE = dépasser la maturité pour passer à l'état de rebourgeonnement.
Figuré : devenir incorrigible, être au sommet de la délinquance, irrécupérable.
JACKNIEH = sorte d'igname à plusieurs doigts arrondis et de goût un peu amer.

NDJAHAH NDJAAH = trancher, couper, franchir, traverser.
= acheter à crédit.

NDJAHAGNEH NDJAAGNEH = couper, trancher, sectionner en deux (surtout).
= vomir, rendre, dégueuler.

NDJAHATEH NDJAAHTEH = couper, trancher, sectionner, diviser en plusieurs morceaux.
- É YAAGNEH GUENOM = il a coupé le cochon en deux.
- GUEH YAAHTEH GUENOM = j'ai débité le porc, coupé en plusieurs morceaux le porc.
- GUÈH GHO WOUO NDJAAGNEH = le malade vomit, est en train de vomir, il est en train de dégueuler, de rendre.

NDJAÂPH = poser, déposer, garder.

NDJAPH = le légume.

NDJAÂPTEH = poser, déposer, garder, pièce par pièce, objet après objet. Poser, déposer chacun, sa charge, sa quote-part = servir à manger à la bouche d'un malade, d'un bébé, d'une accouchée.

NDJAPGNEH = faire de la compétition, se rivaliser, faire de la concurrence, être le plus élevé à la vue.

NDJAP-LIING = s'insulter l'un l'autre, les uns les autres, insulter véhémentement.

NDJAÂPH-SÏH = poser, poser à terre, déposer sur le sol.

NDJAÂPH-NTEH = poser en haut, mettre en haut, poser sur quelque chose au-dessus de soi.

NDJAP-NNOUEH = faire de la méchanceté, agir mal.

NOTA BENE : les verbes en « JA » se conjuguent en transformant le « J » en « Y », sauf à la forme progressive.

NDJAMH = produire des fruits, ressusciter, revenir à la vie, sécher en parlant d'une marmite d'eau.

NJAMMH = se réveiller, réveiller.

SON « JE »

DJEH = savoir, connaître.
- É DJEH YOUEH A SI 'A' = il sait ce qui se passe.
- O DJEH É A = le connais-tu?

DJEHTEH = être malin, avisé, rusé.

DJEH-NNOUEH = avoir la sagesse, être avisé, être averti, être au courant des faits.

NDJEH NOUEH = le malin, l'avisé, l'averti, le rusé, le sage.

MEHDJEH NDJEHE = la voie, la route, le chemin, le moyen.

NDJEHE NTÔÔH = l'entrée d'une concession.

DJEM = plaidoyer devant Dieu et les hommes.
= paroles de malédiction, paroles maléfiques.

DJEMTEH = insulter, injurier, humilier, simplifier quelqu'un par des agissements.

NDJEM = éplucher, déplucher à la main.

NDJÈH = balafon, xylophone.

NDJÈHÈH = guérir, être guéri, être léger, être sans considération, sans influence.
= enlever des couches, tailler en fines lamelles.
- GUÈHGHOH YÈHEH = le malade est guéri.
- NDIEH YANG YEHEH TAATCHEH = ce vêtement ou cette chèvre est trop léger, légère.
- O YEHEH MOH YIÉ PA POO MOH YAAH NSAAH NDÙCK ÁH = tu n'as pas de poids pour faire de la concurrence avec cet homme-là.
- NDJÈHÈH NDÛH = tailler la liane de bambou raphia en fines lamelles.

NDJÈÈH = faire mal, avoir de la douleur à une partie du corps.
= faire de la peine à…
- KOUOH A' WOUO NDJÈÈH = mon pied me fait mal, j'ai mal au pied.
- NNOUEH YAAH YÈÈH = cette affaire-là fait mal, fait de la peine, a fait mal, a fait de la peine.

NDJEMM = maigrir, sécher, tarir, être vide.
NDJEMMTEH = sécher, être un peu sec, s'améliorer un peu, parlant d'une plaie.
- MOUOH YANG YEMM WÈH = cet enfant a complètement maigri, fondu.
- CHEH YEMM = l'eau a séché, tari.
- GUE YEMM = je suis à sec, je n'ai plus rien dans la poche, dans la maison.
-TSÙCK YEMMTEH = l'endroit est un peu sec, la terre est sèche un peu (le sol).
-FIING É YEMMTEH = sa blessure s'est améliorée.

NDJÈHÈGNEH = brûler superficiellement, brûler les poils.

NDJÊH = couvent, temporairement, période d'initiation des filles au mariage, pendant laquelle, elles sont privées du travail, sont entretenues avec beaucoup de soins et de précautions et ne sortent des maisons que sous cagoule.

BDJEHÈHNAH = être prompt, léger, disponible, dépourvu de lourdeur.

NDJÈHNAH = le disponible, le serviable, le prompt.
YÈHNAH = la promptitude, la disponibilité, la serviabilité.

<u>NB</u> : les verbes en « JE » comme en « JA », « JO » se conjuguent en transformant le « J » en « Y » sauf à la forme progressive.

SON « JI »

NDJIII = grandir rapidement, être énorme, volumineux, grand.
Figuré : être riche, très riche.

NDJIIH = commencer, débuter, ébaucher.
NDJIIHTEH = commencer doucement, petit à petit.
NDJIHICTEH = initier, s'initier, apprendre.
NDJÏKOŮOUH = la famine, la faim.
NDJIINGH = grelot.
NDJIINGH-BVUH = le grelot de chien.

SON « JO »

NDJÔH = voir, apercevoir, observer.

NDJÔHNOUEH = le souffreteux, celui qui a des difficultés, le malheureux.

NDJÔHNOUEH = souffrir, avoir des difficultés.

NDJÔHOGNEH = sécher, exposer, laisser à l'air ambiant.

NDJOÔHTEH = se rencontrer, se retrouver.

NDJOMH = être nombreux, être grand, être plus grand.

NDJOOH = acheter, marchander.

NDJOHÔH = entaille faite sur deux dents pour besoin de beauté. Entaille faite sur une autre matière (bois, pierre, etc.).

NJOCKH = gratter, démanger.
= planter un piquet, un mât.
- NNAHA WOUO NJOCKH-'A' = mon corps me démange, mon organe de sexe me gratte.
- É NJOCKH MTEH = il a planté des piquets.

MNJOCK = les démangeaisons, les gales.

NJOCKTEH = planter çà et là, planter sommairement des pieux, des piquets, des jalons.

SON « JU »

NJUIC = goûter, tâter, écouter, être à l'écoute, attendre.

NJUICTEH
- NJUIC ou NJUICTEH MLOUH = goûter le vin.
- NJUICTEH NDIDIEH = tâter la porte ou attendre à la porte.
- GUE WOUO NJUICTEH MTCHOUONG = j'écoute les informations, j'attends les nouvelles, je suis à l'écoute des informations.
- NJUICTEH NGHUOH = attendre un étranger, être à son attente.

NJÙHÙH = voler, tricher, dérober, soustraire frauduleusement.

NJÙH = le mouton, la brebis.

NJÙHNJÙH = le mouton, la brebis.

NJÙÙK = la pistache.
NJÙKHÙH = promettre la réalisation, promettre de faire du mal.

SON « JO » (suite)

NDJOUCTEH = se croiser, se rencontrer, se joindre bout à bout.

NDJOUCH = recouvrir de fumée, brûler mal, rôtir mal un mets.

NDJOUHOUH = se rencontrer, se croiser.

NDJOUHOUGNEH = disloquer, bouger, desserrer.

NDJOÙGNEH = obéir, être obéissant.

NDJOUH = écouter, entendre, comprendre.

NJOUOPH = chanter.

NJOUOPTEH = chantonner, chanter à voix basse. NJOUOPH et NJOUOPTEH ne changent pas le ‘J’ en ‘Y’ comme les autres verbes.

DJUM = derrière, songe, rêve, l’arrière.

NJÛMH = avoir perdu de sa valeur, devenir comme un aliéné.

NJÛJUMH = devenir un débile mental, un aliéné mental.

NJUMTEH = chantonner, chanter comme un débile mental.

NJUMGNEH = réduire à rien, éliminer physiquement une personne.

NDJÛMH = l’obscurité.

JÛJUMH = herbe médicinale, très odorante utilisée pour soigner la rougeole et d'autres maladies.

NDJUKGNEH = hésiter.

Tous les verbes en « JU » ne changent pas leur « J » en « Y » comme les autres verbes en « J » en se conjuguant.
Aussi, les verbes suivants en « JOU » ne transforment pas leur « J » en « Y » en se conjuguant.

NDJOUHOUGNEH = disloquer, desserrer un peu, bouger quelque chose dans tous les sens, désarticuler un peu.

NJOUOPH = chanter.

NJOUOPTEH = chantonner, chanter à voix basse.

SON « KA »

NKAM = quelque chose d’inerte, quelqu’un qui ne réagit pas, insensible = sorte de danse périodique réservée à une certaine classe de notable.
- KAH CHOUOH PAHA NKAM A’ = ne reste pas comme une bûche, cesse d’être inerte, insensible.
- TAHAH NNANG NKAM = mon père a dansé le ‘NKAM’.

NKAM-YOUOH = morceau de bois, d’un objet quelconque, une souche.

KAMKOUOH = un entrepied, qui a une jambe, un pied coupé, un morceau de jambe.

Figuré : quelqu’un qui n’a pas le moyen de se déplacer, de réagir.

NKAMKOÙOH = qui met un genou à terre.
= assemblée secrète ou unité de défense chargée de poursuivre la bataille jusqu'au corps à corps.

NKAHAM = provoquer, attaquer.
= enfoncer avec un maillet, un marteau.
- NKAHAM CHOÛH = provoquer la guerre, les troubles.
-É NKAHAM A = il m'a attaqué, il m'a provoqué.
- O NKAHAM NTIO SI = tu as enfoncé le fer dans la terre avec un marteau, ou une pierre.

KHAMH = petit marché du quartier.
= démarche, affaire, intervention.
- MOOH TÈH KHAMH = ta mère a fait le marché du quartier.
- KHAM'O KAH GHING = ton affaire n'a pas marché.

NKAMM = le provocateur.

NKAMM-CHOÛH = le provocateur, celui qui attaque, qui provoque.
NKÂMTEH = se souvenir, se rappeler, penser à...
- KÂMTEH = rappelle-toi, réfléchis, penses-y.

KAM-NTEH = la souche d'un arbre, un morceau de tronc d'arbre.

KAAH = jardin, enclos, verger entouré d'une clôture.

KAHÂGOUOH = arbre à longues et larges feuilles produisant des fruits en régimes semblables aux dattes.

KAHÂH-NKOÔH = qui soulève la machette et coupe.
= qui est sans pitié, sans état d'âme; un cruel, sanguinaire.
NKACH = corbeille, petit panier de paille enroulé de lamelles luisantes, de la paille des collines.

KÂKH = la carpe, la souffrance, la chicotte.
- LAÂH NGHEM M'KÂKH = la masse a pris des carpes.
- É PFAH KÂKH = il a souffert, il a reçu de la chicotte.
NKACH-NGOP = la corbeille, la corbeille remplie de poulets.

NKACH-NNOÔH = le petit panier fait de la paille.

KAATEH = l'orgueil, la fierté, la vantardise, l'ambition.

NKAATEH = l'orgueilleux, le fier, le vantard, l'ambitieux.
= le dos, le derrière.
NKAAH = torche enflammée.
= le monde, la Terre, surface de la Terre avec ses habitants.
- KIÈH NKAAK = allume la torche.
- NKAAK KA POUONG = la surface de la Terre n'est pas bonne, le monde n'est pas bon, le monde est méchant.

NKAHAH = projeter à une date ultérieure.
= lever, soulever = fendre la coupe des fruits.
- NKAHAH BVÙH = projeter le deuil.
- NKAHAH POUHOUH = lever la main.
- KAHAH POUHOÛH = lève la main.
- NKAHAH TSEH = fendre la gousse de kola.

NKAÂGNEH = promettre, donner rendez-vous.

NKAP = cueillir, récolter.

NKAAPH = l'argent, la monnaie.

NKAPTEH = clignez des yeux, des paupières.

NKÂÂH = court et gros tam-tam à trois pieds, tam-tam de base.

NKÂÂHTEH = avoir des rugosités, avoir la peau glabre et rugueuse, sèche, pustuleuse.

NKÂÂHEH = racler en surface, labourer superficiellement un champ.

NKAHAKGNEH = faire ses derniers efforts pour réussir, pour s'échapper pour faire signe de vie.

MKAHAKGNEH = les efforts pénibles, les derniers sursauts de survie, tiges, écorces dépouillées de leur suc.

KAHAKGNEH = brin léger qui cale souvent dans la gorge.

MKEKAKH = mucosité gluante de la bouche et de la gorge d'un malade.

KEKOÔH = insecte ailé, rongeur à galerie souterraine.

KEKOÔTEH = l'oiseau perce-bois.

KEM = cagoulard, gouverneur de province dans un royaume bamiléké.

NKEMM = corbeille dépourvue de trou, destinée à mesurer ou à transporter les grains.

NKEMH = gratter légèrement, faire une demande secrète, flatter, émietter une petite partie d'un tout.

NKEMHEMH = arriver, atteindre le but.

NKÏNGTEH = couper les grains et les feuilles des légumineuses, tailler les branches d'un arbre.

NKINGMNIEH = sourcils, herbe du centre et de l'ouest du Cameroun, dont les fruits séchés, en forme de bacille, ressemblent aux cils des paupières.

NKIYINGH = celui ou celle qui n'a pas eu d'enfant.

NKINHINGH = trier, avoir une préférence.

NKINGTEH = tuer quelqu'un, applaudir une chose, un acte, une parole.

NKINGNEH = rouler une chose, s'enrouler.
- CHANGH NEH GHING KEKÔH NKINGEH = rouler à défaut de marcher = c'est chercher une solution inadéquate à son problème.

NKIHÏH = éclore (les œufs).
= cueillir abusivement et avant la maturité les fruits.
= déchirer les étoffes et autres; détruire une clôture.

NKIHÏHTEH = déchirer en lambeaux, sans ménagement.

NKIMM = tailler un arbre, ses branches.
= tailler de l'écorce jusqu'au bois pour faire sécher un arbre.

NKÊHÊH = scier à la base, prélever autour un mets collant ou mou.

NKÊHÊHTEH = raser les bords, utiliser les bords, les abords pour marcher, progresser.

SON « KO »

NKOÔH = le coq.

NKOÔHSANGH = l'oiseau mâle, le mâle de la perdrix.

NKOHÔTEH = frapper légèrement (à la porte).
= découper quelque chose, couper de part en part.
= jouer légèrement au tambour ou des balafons pour annoncer le début de la danse.

NKOHOH = case de passage ou de repos à deux ouvertures sans battant, du grand notable.

NKKÔH = s'amonceler, s'agglutiner sur quelque chose.
= poser la paille de rive.

NKKÔHÔTEH = crier de détresse ou d'amour en parlant du coq et de la poule.

NKÔHÔH = coupcr.

NKOHÔH = le singe.

NKÔÔHEH = refuser, empêcher, interdire.

NKOOTEH = (culbuter) trébucher.

NKEKOH = agir avec maladresse, faire timidement, agir avec confusion.

NKEKEMH = agir chichement, agir avec avarice, avec trop de retenue.

KEKEMMH = le mortier.

KEKEMH = le bélier.

NKÔSSANG = le nid d'oiseau.

NKÔGHEM = nid d'épervier, d'aigle.

NKOM-NÑUAH = essaim d'abeilles.

KOÔTSEH = corbeille de cola, corbeille à kola, pour cola.

NKOÔIIKOUOII = boitcux.

NKÔHÔTEH = handicapé physique, paralytique.

KOUHOC-NKUOH = fruit du raphia.

NKOUHOCGNEH = v. polir, rendre lisse.
Adj. Poli, lisse, usé par l'usage (une entrée, un passage).
V. = bousculer quelqu'un, quelque chose, harceler, déranger.

NKOUHOCTEH = v. renverser çà et là.
= rabaisser quelque chose, sa valeur réelle; vieillir, perdre sa fraîcheur.

NKOUHOCH = renverser en poussant.
= enlever du feu une marmite, un pot de ce que l'on faisait bouillir, cuire.

KOUHOUH = arriver à terme, au sommet, être suffisant, être autonome, n'avoir besoin de personne, de rien, d'aucune aide.
= être au bout de sa croissance, prêt à donner des fruits, à produire du vin (raphia).

NKOUHOUHGNEH = être de proportions admirables, moyen (ni trop grand, ni trop petit).

MKOUHOUHGNEH = l'amabilité, la serviabilité, la gentillesse.

MKOUHOUH = le respect, les honneurs, les éloges, les louanges.

KOUONGNEH = l'amour.

NKOUÓNGH = aimer, vouloir, consentir, accepter.

NKOUHONG = ramper en parlant des personnes humaines.

NKOUONG = racleur, mince lamelle de bambou ou de fer pour racler les marmites.

KOÛONG = lame en fer.

MKOÛONGAH = les cartouches pour fusil.

MKOÛONGH-CHOUOUH = les munitions pour la guerre.
= les actes, les agissements, les faits capables de provoquer la mésentente, la zizanie, le désordre, la guerre.

KOÛKOUONG = très court, trapu, rabougri.

KOÛHOÛH = le taro, le macabo, le macabo sauvage.
KOÛHOÛH-NKÈH = la macabo.

KOÛHOÛH-NPÔH = la mère taro.

NKOÛHOÛGUÈH = gendarme masqué du village.

NKOUOKOUH = canne à sucre.

NKOÙKOUOP = le cotonnier.
- DAP-NKOÙKOUOP = le fil de coton, le coton, l'ouate.

NKOÚTAAH = toile de jute, jute.

NKOUHOUH = ronfler.

NKOUOÛH = sentir le rance, émettre une odeur âcre, âpre.

NKOUÔH = monter, gonfler, augmenter de volume.
= retourner, rentrer de… revenir.

NKOUHÔH = l'échelle, la montée, la pente, le col.
= dorlotement.

NKOÚHÔHGNEH = gronder en parlant du tonnerre, signaler la survenue (tornade, orage, pluie).
= manifester une colère qui va au bout des larmes.

NKOUONG-FOH = première épouse du roi.

NKOUHONG = lance en fer.

NKOUONGNEH = s'aimer réciproquement l'un l'autre, les unes les autres.

SON « KU »

NKUÏH = prendre, recevoir, demander, réclamer.
= aiguiser.
- NKUÏH NCHEH = recevoir le baptême, demander de l'eau.
- NKUÏH MOUNIEH = aiguiser le couteau.
NKUÏH-POP = recevoir le mâle, demander un bouc, être croisée en gestation.

NKUÏHTEH = aider, supplier, soulager = prendre, recevoir çà et là.

NKUÏHGNEH = se passer un ou plusieurs objets, l'un, l'autre, les uns les autres.
= aiguiser la machette.

NKUIM = racler pour rendre plus flexible, pour nettoyer une surface, souvent en maintenant la lame entre le pouce de la main qui racle et la surface à racler.

NKUINGH = parer, donner de la parure.

NKUIINGH = remplir à l'excès, tasser dans un sac, dans un récipient.

NKÙÙH = fuir, éviter, s'éclipser.

NKÙÙH-NDÙH = courir, faire la course.
Fig. = s'empresser, chercher à arriver vite là où les gens vont pas à pas, à avoir vite ce que les gens ont à bout de beaucoup d'efforts.
NKÙOH = tige de raphia, champ de raphia.
- NKÙOH KOUOUH = la tige de raphia est mûre.

NKÙOHEH = moudre sommairement, fendre les graines.
- NKÙOHEH GUEFAH = fendre les grains de maïs, râper le maïs frais.

NKÛCH = aller horizontalement, progresser horizontalement en terrain plat.

NKÚCHGNEH = perdre son angle droit en parlant des objets, quitter le point où il devait être, sortir de son point fixe.

NKÙÙHGNEH = fuir dans la confusion.
= être dans l'état de trouble généralisé = tressaillir.
= quitter son point fixe, perdre son angle droit.
- NKÈH PÉHÉ KÙCHGNEH = la haie n'est pas droite.
- SIM KÙÙHGNEH = il y a eu une confusion dans le marché.
- NDZÙH WOUO KÙUHGNEH = le dehors est troublé, la vie est troublée dans le monde. Il y a des troubles dans le monde.
- NNAH A' KÙÙHGNEH = j'ai tressailli de peur, j'ai eu un spasme de tout mon corps.

- NPEH PAAH KÙÙHGNEH = l'angle de la maison n'est pas droit.
NKÛÛH = tige herbacée.
- NKÛÛH NSÔC = la tige de piment.
- NKÛÛH MKOH = les tiges du haricot.
- NKÛÛH POUOH ou NGUEH POUOH = tige de melon.
- NKÙÙH BVÙH ou NGUEH BVÙH = tige de patate.

ATTENTION

NGUEH POUOH = la queue du champignon, un champignon.

KÙUM = le précipice, la falaise, le ravin profond.

NKÙM = balayer, ramasser.

NKÙMTEH = ramasser jusqu'à la dernière miette.

NKÚKUM = sorte de ronce de nos champs à fruits violets très sucrés.

NKÙKÛH = fougère à tige très longue souvent entrelacée et dont on se servait pour fabriquer des colliers ou perles.

SON « LA »

NLÂH = vase en argile cuite, de forme ovoïde, servant d'assiette pour le pfúh et le couscous liquéfié chaud.
NLÂÂH = le village, la concession, le peuple, la foule, les gens, le chez-soi.
- GUE NGÔH MLÂAH = je vais à la maison, au village, chez moi.

NLÂÂH TSIÉH TSIEH = voilà sa concession.
- NLÂÂH YÔH A WÈH = les gens m'ont vu, la foule m'a vu, observé, j'ai été exposé en public.

LAM = grand tambour à deux lèvres installé dans certaines cases de la cour royale, frappé au poing par le Roi et certains membres des sociétés secrètes à des occasions spéciales.
= lampe-tempête (lamp ou lampe).

MLAM = plusieurs de ces tambours.
= mot occidental, lamp ou lampe-tempête (anglais et français).

MLAMM = les odeurs.

NLANG = igname poilue à la chaire couleur d'huile de palme, instrument de musique à cordes.
LANG = pierre, pierre à moudre les grains (sur laquelle on écrase les grains) la petite pierre qu'on tient pour écraser étant le NGOUÔH.
- LANG-MSÈH = grosse pierre sur laquelle on écrase.
- GOUÔH-MSÈH = petite pierre qu'on tient dans les paumes pour écraser.

LANGTEH = la tentation, le sondage, la provocation maniérée.

LALÉH = danse de madjouong, élément dangereux.

LAAHGNEH = adj. Doublé.

MLAAHGNEH = doublés, multiples.

LAAHGNEH-NNOUEH = affaire double, qui ne finit pas.

MLAAHGNEH-NNOUEH = malheurs, faits multiples, qui se succèdent.

LAMGNEH = les odeurs agréables ou l'odeur agréable.

LAMTEH = la partie thoracique d'un gibier, d'un animal abattu.
= la partie difficile d'un travail, d'une œuvre.

LAMMGNEH = action de s'activer, de s'affairer pour des problèmes inutiles, sans fond, pour des inutilités, de s'activer pour ne rien faire enfin.

LANGNEH = l'éclat, la splendeur, magnificence accompagnée de beauté.
= inflammation de la peau due à une confusion, à un abcès, etc.

SON « LE »

LÈH = sorte de plante ressemblant à la tige d'ananas, dont les feuilles sont utilisées comme médicament ou comme fétiche.

LEKOP = la loutre, mammifère aquatique se nourrissant de poissons.

LEM = écorce ou fruit odorant servant comme condiment pour la sauce à l'huile de palme et le pfúh.

NLEM = la saison sèche, état de ce qui est chaud.
NLEMGNEH = chaleur douce des couvertures, des chairs.

LEMTEH = les démangeaisons, les picotements.

SON « LO »

LÔÔH = les lamentations, l'imploration, les pleurs.

NLÔH = la propreté, la clarté, la limpidité.

NLOM = la forge.

NLOOM = la largeur.

NLOOMDIEH = le mariage (faire l'amour dans la maison, donc l'amour autorisé).

LOMGNIEH = adj. Continu, sans fin.

LOMGNIEH NNOUEH = une affaire qui ne finit pas, rampante.

LOÔH = l'igname sucrée.

NLOUH = arbre à tronc épineux et à larges feuilles, poussant dans les zones marécageuses.

LOÛHOUH = la cuillère, la louche en bois ou en métal.

LÙM = cache-sexe en forme de languette que portaient les femmes pour cacher le pubis. Du Baham langue = lum.

LOÛHOUH-MSÈH = grosse cuillère en bois servant à mesurer le couscous à servir.

LOÔHGNIEH = l'empressement, la précipitation.

LOÔHTE = les esquives.

LOPGNEH = l'état de ce qui n'est pas serré, qui est flottant.

LOPTEH = la flatterie, l'habileté, la patience.

NLOOH = le beau temps, temps ensoleillé.

SON « MA »

MÁH = la mère, la grande, l'énorme = MEH.

MAH'O = ta mère = MOH'ÔH.

MA'H'É = MAP'É = sa mère.

MÁH'YOK = notre mère à nous, sans vous.

MÁH'YOKPA = notre mère à nous tous, vous et nous.

MÁH'YOKPOÙH = notre mère à toi et moi.

MÁH'YOH = votre mère à vous, lui et vous, eux et toi, eux et vous.

MAH'YOH POUAHPOUH = votre mère à eux et à vous, à eux et à toi.
MÁH'YAP = leur mère.

MÁH'YAP POUAHPOUH = leur mère à eux et à lui, à eux et à eux aussi.

MÂHAH = jeter, lancer.

MÂHAHTEH = jeter çà et là, parsemer.

MMÂHAHBANG-MÂHAHFAH = l'homme d'intrigues, qui sait soulever les gens (qui jette la pluie et le vent).

MMÂHAH BANG-MMÂHÂHFAH = faire des intrigues, cogner les têtes.

MMÁH'POK = nos mères à nous, sans la ou les vôtres.

MMÁH'POKPAH = nos mères à nous tous, les nôtres et les vôtres, les nôtres et la vôtre.

MMÁH'PÔH = vos mères.

MMÁH'PÁP = leurs mères, chacun sa mère ou chaque groupe sa mère (MMUOH PAP)

MEHDZEH ou MAHDZEH = une chèvre, une grande chèvre, la mère chèvre.
= un grand tissu, une grande étoffe, un grand habit.

MÁH'DJÙH = MEHDJÙH = la brebis, le mouton, la mère brebis.
- MOÛH DJUH = un agneau, un agnelet.

MÁH'NKOÔH = MEH NKOÔH = le cop, un gros cop.
- MOÛHNKOÔH = le cochet, petit coq.

MAH'GOP ou MEH GOP = la mère poule, une poule, une grande poule.
- MOÛH GOP = le poussin, le poulet.

MÁH GUENOM ou MEH GUENOM = la truie, le porc, un grand porc, un gros cochon.
- MOÛH GUENOM = le pourceau, le porcelet.
- MOÙH NNOM = le petit de l'animal, le jeune porc.
Figuré : fils du paysan, du pauvre, du soumis.

MAH ou MEH = indique la grandeur physique.
- MEH PÂHÂH = une grande maison.
- MEH TCHOUOH GUEFAH = un gros épi de maïs.

SON « ME »

MÈHEH = balancer quelque chose de flexible, ennuyer.

MÈHÈHGNEH = déranger quelqu'un, fléchir, se balancer.

MEKAMTITIING = le ver de terre.

NTITIING = le lombric.

MEHGUESSAM = gousse d'arachide contenant plus de deux grains (exception BIYÈH DOCK ou YAOUDE).

MEHKEGNINGH = la guêpe.

MEBÂTCHEH = femme qui porte son panier pendu sur le dos.

MÁH'AMOUH = la mère d'enfant, de l'enfant.

MÁHMOUHWOUOK = la mère de mon enfant, la coépouse chez qui la jeune femme a été confiée à son mariage; son premier enfant est considéré comme l'enfant de cette coépouse tutrice.

MEHGHAP = le concubin, la concubine.

MAHKUIMOUH = l'accoucheuse.

MEHKUIMOUH = la poire du bébé.

MEKUIH = poire à purger.

MEHDJEH = le chemin, la route, le sentier, le moyen.

MEHKWÈH = le perroquet, la perruche.

MEHGHEGHUOH = la souffreteuse.

MEHKOUONGBE = chenille de couleur vert foncé dont les poils ressemblent aux épines, les piquants.

MEHLOMGÚGHUOH = l'araignée.
- GÚGHÚOH = la toile d'araignée.

MEMMH = fouiller à l'intérieur, tâter.

MEMMTEH = chercher dans, de la poudre, dans une pâte, dans un local, dans la brousse, tâter la chair, la peau pour trouver, découvrir.

MEHPOOPÉH = taro de très fins tubercules.

MEH PAÂH = pierre angulaire d'une case.

MEHPÈHTEH = poutre, grosse et longue poutre qui soutient le plafond.
MEHTEDJEH = quelque chose d'insignifiant, d'insatisfaisant, sans vraie valeur.
MEHTEMOUH = mère sans enfant, femme sans enfant.

MEHTÈH = le grand plafond, le plus haut de la case bamiléké.
= grosse souris noire, sale, vivant dans ce plafond.

TCHOUAKOUOH-MEHTEH = cette souris.
Figuré : homme sans valeur, vaurien.

MEHYACH = insecte ailé proche de la sauterelle, criquet.

MEHYACH-PÈH = gros criquet aux ailes roses.

MEHYACH-DJUMFEH = gros criquet qui se cache derrière les feuilles mortes de bananiers.
Figuré : personne très rusée, maligne.

MEHTIOHYAC = oiseau au plumage bleu argenté, volant en groupe.

SON « MI »

MÏC = manger goulûment comme si on enfonçait dans un sac.
MÏCTEH

MIHÏH = avaler, absorber.
Participe passé = fini, terminé.
- NNOK MIHIH YOUOH = le serpent a avalé une proie.
- FFÂH MIHIH = le travail est terminé.
MIHING = sortir le grand matin, de bonne heure.

MIINGH = terminer, finir, achever, rendre l'âme.
- MIINGH FFAK TSOÙH = termine ton travail.
- GUÈH NGHOH A' MIING = mon malade a rendu l'âme.
- TAH A' TÏH MIHING SIM = mon père est sorti de bonne heure pour le marché.

MIMM = état de ce qui est froid, frais, humide.

MIEPTEH = manger comme si l'on avalait la salive, discrètement, sans grande mastication.
= faire de légers mouvements des lèvres vers l'intérieur de la bouche.
MÏTE = mal de gorge.

MÙOH = se gonfler, bousculer.
Fig. = se faire important, faire l'important.

MÙOHTEH = gonfler par tout le corps.
= gonfler partout.

MMOÛHOUH = qui s'émiette facilement, qui devient facilement farineux, poudreux en parlant d'un aliment.

MMOÛH = sortir, apparaître comme le globe solaire de l'horizon, sortir, apparaître majestueusement.

MMOÛHGNEH = montée majestueuse et tranquille des eaux d'un lac ou d'un fleuve.

SON « NA »

NNAH = le corps, l'organe de sexe.
= être sur quelque chose, inclus dans.

NB: prononcez NNEH.
- NNAH 'A' = mon corps, mon organe de sexe, ma verge, ma vulve.
- MOCKNNEH KAM YOUAH = il y a du feu sur ce morceau de bois.

NNAM = le soleil.

NNAHAM = être avare, refuser de partager avec les autres ce qu'on possède.

NNAAM = l'égoïsme, l'avarice.

NANG = la danse, le poil, le cheveu.

MNANG = les danses, les poils, les cheveux.

NNANGH = danser, piétiner.

NNANGHTEH = piétiner, marcher sur.

NNANGNWAH = l'abeille.

MNANG-BVUH = les oxyures, ténia.
MEHNANG MENANG = un ver intestinal, l'ascaris.

NNAHǍH = NAHǍH = la sauce, = guetter quelque chose.

NNÂH = NNAÂCH = le bœuf.

NNAHÂH-NKÉH NAHACH-NKÉHÉ = la sauce sans huile faite d'eau et de condiments.

SON « NE »

NEH = action de.
- NEH YOÔH = action de voir, d'observer, d'admirer.

NNEH = le corps humain, l'organe de sexe.

NENAHÂH = faire doucement, avec précaution, guetter.

NNÈH = faire cuire, teinter en trempant.

NNÈH-BVUH = croiser une chienne.
Figuré : cuire longuement (faire cuire).

NÈH-GOUÔH = la galerie des termites ailées.

NÈH-CHEH = point du sol où suinte l'eau.

NNEM = étoffe traditionnelle d'un bleu foncé.

NNÉH = champ, terre cultivée, butes de terre labourée.

NNÉHÉH = négation, sans motif, pour rien.

NNÉHÉNÉH = pour rien, sans motif.
- YOUOH NNÉHÉH = chose gratuite.
Figuré : personne sans valeur, vaurien.
- NNÉHÉH-MBOÔH = qui hait pour.
- PÔÔH-NNÉHÉH = rien, méprise sans raison.
= haïr, mépriser pour rien.

NNÉHÉHGOM = qui dénonce faussement, le (a) calomniateur (trice).

NNÉHEHGUEH = qui fait pour rien; qui entreprend une œuvre qui ne réussira pas, probable, dont la suite est incertaine.

NNÈHÈTEH = assister une personne à l'occasion d'un malheur.

NÑÊHÊHGNEH = chatouiller, toucher les parties du corps qui provoquent le rire.

NÑÉHÉH = grain de sable que l'on croque dans un mets, un repas.

NÑÉHÉHTEH = tenir délicatement un objet en évitant de s'en souiller.

NÑÉHEHGNEH = se frayer un passage en bousculant.

SON « NGNI »

NGNING = la cire.

NGNING-NWAHAH = cire d'abeille.

NGNING-MTSEH = mucus nasal.

NGNIHICTEH = tailler par légères lamelles ; la saignée d'un raphia pour activer la coulée du vin.

NGNICTE = détacher à la main ou à l'aide d'un instrument les plaques
NGNIC d'un objet, ou des pierres du sol, des briques d'un mur, etc.
= déraciner par poussée une plante, une clôture, un mur.
= décoller ce qui est collé.
- NGNIC = déraciner, enlever par décollage.
- NGNICTEH = enlever des plaques de pierres, des briques d'un mur, du sol, par poussées, déraciner par poussées.

MOUH-NGNIHEH-VEH = couteau d'art.

MOUH-NGNIHEH-TOH-PUEH = couteau du fond du sac.
Figuré :personne dangereuse, faux intime.

MOUH-NGNIHEH = le couteau.

POUH-NGIHEH = grand couteau.

NGIHEH-DOUOP = machette à deux cornes, originaire de Ndop.

NGNIHEH-NGOH = plantoir, binette.

NGNÏKH = larve qui ronge les branches du kolatier. Cette branche rongée.

NGNIGNIM = faire, agir timidement.

NGNIMTEH = tenir avec délicatesse, tenir avec deux doigts en évitant de se salir.

NIGNIING-NDÂM = ver-coquin, ver qui pénètre dans la peau, cause une douleur cuisante et émet un liquide clair à la pression.

NIGNIING = le moustique.

NGNINGTEH = faire ressortir, exhiber, apparaître en surface, faire apparaître les rides du visage.
- NGNINGTEH MSOUONG = montrer les dents.

- NGNINGTEH SSEH = faire apparaître les rides du visage, faire mauvaise mine, se fâcher.

NNIHAH NNIYAH = présenter, montrer, tendre vers, tendre à…

NIHAH NIAH = le buffle.
NGNIAH = sorte de petite aubergine, sauvage, fusiforme.

NNIYAHGNEH = montrer l'un l'autre, les uns les autres, passer de l'un à l'autre, les unes les autres.

NIOTEH = semer avec les doigts, introduire en forçant dans un sac… déjà plein.

NNOUHTEH = raccourcir, réduire les dimensions.

NNOÛH = semer très serré, serrer un grand pagne dans une ceinture autour des reins, fouler, subir un choc en butant.

NNOÛHOUH = tremper dans… tourner un mets avec de l'huile.

NNOÛHOUGNEH = froisser.

NNOUAH = écraser par pression un corps.

NNOUAHTEH = toucher en massant légèrement, masturber, tâter avec les doigts.

NOCK = le serpent.

ÑOH NGÑOHOH = sans valeur physique, menaçant ruine.

NNOUÔH = presser, comprimer, appuyer, traire.

NNOUÔHTEH = tâter de toutes parts un corps mou.

NNOUHEH = boire, adhérer à une société, assister à une réunion.

SON « O »

OH = tu, vous de majesté.
ÔH = ton, ta, se transforme, change de prononciation suivant le nom auquel il se rapporte.
- MOH ÔH, TOH ÔH = ta mère, ton père ; ici, le « O » se prononce comme dans tôle, hôte.
- NDZEH OH = ton vêtement, ta chèvre ; ici, le « O » se prononce les lèvres presque fermées, presque comme dans le mot œuf.

ÔHÔH = oui, présent lorsqu'on répond à un supérieur (son père et autres notables, reines et autres femmes âgées ou anoblies).

OHOH = oui ou présent, comment, répondus à distance par rapport à celui qui appelle.

ÔOH! = interjection, exclamation, devant un fait ou une situation de surprise malheureuse ou heureuse.
- ÔOH LAACH! = où va le pays? Où va la patrie (devant une atteinte aux bienséances, aux bonnes mœurs) ?
- ÔOH PEBÈH ! = quelle bravoure ! Quel courage ! Vrai homme ! (rappelant intérieurement les héros passés).

OWOOH = au revoir, adieu, à nous revoir.

NNOUOH = administrer un médicament ou un fétiche directement dans la bouche ou les narines, par gorgées ou par gouttes.

NNOK-MKOUOH = lancer les jambes, faire des ruades spasmodiques en rendant l'âme.

NNOKTEH = frétiller ; pulvériser par petits coups un liquide.

NNOKH = semer à la volée, éparpiller.

ÑOHOMTEH NGÑOMTEH = froisser, déformer, réduire en un amas.

NÑOH = avoir un mauvais goût, ni amer ni sucré, collant au palais et à la langue.

SON « PA »

PAHÂH = la case, la maison, édifice, la hutte = PFEH.

PAH = PEH = nous et vous.

PAH-POUH = eux et nous (nous et lui).

PAHPAH = plat, en ligne.
- PAHPAH NTEH = tête plate, un piquet plat.
- NNANG PAHPAH = danser en ligne et non en fil comme dans la danse normale.
Figuré : être affolé par une triste nouvelle.

PAÂH = le sac syno. De puoh.

PÂHTEH = lésions circulaires de la peau avec dépilation, causées par un champignon.

PAPH = tache, cicatrice de la peau, une portion, quartier.
- PAPH SSESSEH NEH NDZEH'ÔH = il y a une tache noire sur ton vêtement.
- PAPH NEH KOUAH = j'ai une cicatrice sur ma jambe.
- PAPH GHÈH = une portion de brousse.
- PAPH SIM = un quartier du marché.

PAAPH = l'aile de l'oiseau.

PACK = tranche d'une chose fendue en deux ou en plusieurs parts.

PACKTEH = adj. Cassé en partie, qui ne conserve plus son entité, son entièreté.

PACKGNEH = trouble, ennui, harcèlement.

PEM = l'œuf, quelque chose de petit en forme d'une petite boulette.

PEMPEM = rond, potelé, non fendu, non ouvert, non détaillé.

PEPEM = qui a la forme d'une boulette.

NPÈH PÈH = rouge, de couleur rouge, jaune ou rose, rougeâtre, jaunâtre.
= jaunisse, ictère, fièvre jaune, paludisme. Haine synonyme de pohôh.

PEPÈH = de couleur rouge, orange, jaune rose ou marron.
- PÈH MKOO = le haricot rouge, violet.
- NKEDÉH PÈH = la banane jaune, la banane douce mûre.
- NDZEH PEPÈH = l'étoffe rouge, jaune marron, rose orange, violet.

PPÊH = la balançoire.
= passerelle mobile établie sur un fleuve ou une rivière.
= ailleurs = taro pilé.

PPÏH = la perte, le dommage.

PPANGH = la canne « walking-stick ».

PPANHANG PPAANGH = la pauvreté, la misère.
= la véranda couverte.
PAHÂGNEH = guerrier peul ou arabe.

PAHÂH-PING = la maison au toit de paille.

PAHÂH-TIOH = la maison métallique, en tôle, à la toiture en tôle.

PEPAKH = la nausée, une gastrite, gastralgie.

PPEH = la poudre d'acajou, de padou.

PPÉH = le bénéfice, l'intérêt, le profit.

PÉHÉTEH PÉHTEH = le porte-monnaie.

PPÉHÉH = le champ, la concession, l'extérieur, le dehors.

PPIEHTEH = démarche amicale, sans brutalité.
= précaution, démarche économique pour acquérir et préserver un bien, un bien-être physique ou matériel.

PPIEHGNEH = manœuvre verbale visant à faire dire par une personne ce qu'il sait dans une affaire.
= manœuvre visant à faire écarter une personne d'une entreprise, d'une société, d'un ensemble.

PIEPTE = le bégaiement, action de bégayer.

PIÈPGNEH = la recherche intensive à découvrir la vérité, dépouiller de la peau.

PPIHIH = le foie, le poumon.
PPIHIH-FÁH = le poumon (le poumon à vent).

PPIHIH-NTIOH = le foie.

PÏH = la perte.
PÏHTEH = action de disparaître de la vue, de se perdre en parlant de plusieurs (personnes, animaux, objets).

PIHEH = nous (lui et moi) (eux et nous).
PIAHPOUH = nous (eux avec moi, eux avec nous).

PPIHINGH = la paille.

PPINGH = la réponse, le retour.

PINGTEH = action de tourner ce que l'on brûle, que l'on rôtit.
Figuré : fait de suivre une action qu'on a engagée, de bousculer comme on dit.

PEPAHÂH PEPAAH = l'étincelle, l'éclair.
= deux lames de bambou raphia sèches que l'on frappe sur la place du marché pour faire une annonce officielle.

PEPAHÂHBANG PEPAAH-BANG = éclair.
PEPAHÂH-MOK PEPAAH-MOK = une étincelle (de feu).

ÑWÈH ÑOUWÈH = la cloche, la clochette, le carillon.

ÑWÈHGNEH ÑOÙWÈGNEH = être gai, joyeux, content, manifester de la joie, être poli, gentil.

SON « NO »

NNÔM = la bête, l'animal.
Figuré : l'ignorant, qui n'est pas issu de la cour royale, de la royauté.

NNÔHOMTEH = tenir avec délicatesse.

NNÔMTE-MAAH = le lion, le roi.

NNÔMGWIH = la panthère, le léopard.

NNÔM-LIING = le cheval, la jument.

NNÔM-NNAÂH = le bœuf, la vache, le castré.

NNÔHÔTEH NNÔÔTEH = manger goulûment.

NNÔHÔTEH = poursuivre, se précipiter, suivre quelqu'un qui s'est éloigné.

SON « PO »

PÒPÒH PPÔH = les hommes, les êtres.

PÔHÔH-MNANG PPÔH-MNANG = les êtres avec des poils, des cheveux, les êtres humains, les êtres vivants au sens large.

PÔHÔH PPÔOH = le taro = cérémonies funéraires visant à apaiser l'âme du défunt.

PÔHÔHTEH POÔHTE = action de maudire celui qui va contre les lois sociales, contre les conventions dont il a participé à l'élaboration.
PÔHPÔH = pour rien, sans motif.

PÔHÔHPÔH = PÔPÔH = ces gens-ci, vous ici présents.

PÔH PÔH = le mépris, la jalousie, la haine.

POHOMDZEH PPOM-NDZEH = cabri boucané (mort).

PPÓHÓH-MNOUEH PPOOH-MNOUEH = les petites difficultés, les petits malheurs.

POÛHPOUHÉ = non élucidé, non détaillé, non déballé.

POUÔH-POUÔH'É = bien nourri, potelé, joufflu, dodu, mais plat.

POUHOÛH POUOUH = paquet, chose emballée, secret de Dieu.

PUM-DZUH = l'aurore.

MPUM-DZUH = les premières lueurs du jour, l'aurore.

PÚHÔH PÙÔH = le lait, le sein, le pis, la mamelle.

PÛHÔH-TSUC = le jeu, l'amusement.

PÛPÛHOH PUPUOH = agissement de fou, affaire irréalisable, enfantine.

POUHONG POUONG = bracelet en ivoire.
Pluriel = MBOUONG = les bracelets.
Étymologiquement = la beauté.

PPUHOH PPUOH = la folie.

PPÙHEH PPUEH = le sac.

PPOUHOÛH PPOÛH = l'esclave, porte de la cour, le portail.
= sorte d'insecte ou mouche aux ailes kaki ou terreuses.

PPOPH = le mâle, le bouc.

PPOK = non mûr en parlant des fruits.
Pluriel = MBOK.

PPOHÔKH NPOKH = la faiblesse, la paresse, incapacité ; action de ne pas faire de l'effort.
= le malheur, la malédiction.

PÔHÔK = cru, non cuit, vif.

SON « GUE »

QUEHQUEH = la bûchette, mince morceau de bois, de bambou, une arête de poisson.

QUAM-GUEHGUEH = très mince morceau.

KAMKEKEH = de bois et de bambou.

QUEHPACK QUEPACK = KEPACK = le lézard, le scinque.

QUEPACK-DEMWOUH = le gecko ou gekko, lézard des régions chaudes (onomatopée).

QUÈHPÔHÔH QUÈPOOH = le xérus, rongeur d'Afrique voisin de l'écureuil, rat palmiste.

QUÊNNOM = herbe de nos champs à fleurs jaunes.

NQUÈH = assiette, demi-vase servant à griller.

NQUÈHÈH = la claie pour sécher.

NQUEHEH = v. forme passive = brûler.
- NKUEH GUEHEH = le bois brûle, se brûle, se consume.
- PPAAH QUEHEH = la case est brûlée.
- MOOK WOUOH NQUEHEH = le feu s'active, et n'est pas éteint.

<u>NOTONS</u> que la lettre « R » n'existe presque pas dans nos langues maternelles, pour ne pas dire absolument pas.

SON « SA »

NSAÂH = v. juger, commander, gouverner.
= taxer cher, vendre cher.
= germer, pousser (graines, plantes).
Nom = petite souris destructrice des vêtements et des papiers.

SAÂH = le juge, le commandant, l'administrateur.

SAÂHDOÔH = administrateur, guerrier, juge, défenseur du royaume.

NSAÂHTEH = détruire, démolir, disloquer, désunir, mettre en désordre, disperser.

NSAHEH = traverser un cours d'eau, une tranchée.
= prendre à l'arraché, voler à l'arraché.

SAHEH = prise à l'arraché, institution de prise à l'arraché des objets, de mets (surtout par les enfants).
= éternuement du bébé.
- NSAÂHTEH PPÂH = détruire la maison.
- NSAÂHTEH TOUONG-NDIEH = détruire le noyau de la famille.
- NSAÂHTEH MTCHOUONG = disperser les voleurs.
- NSAÂHTEH NKUEH = éparpiller le bois.
- NSAHEH CHEH = traverser le cours d'eau.
- NSAHEH SUM = traverser la tranchée, la frontière.

NSÂHGNEH = publier calomnieusement, faire savoir à tout le monde.

NSAHAHGNEH = se distribuer quelque chose, prendre une chose à l'arraché en masse.

SAHAHGNEH = prise d'une chose en se la distribuant, à l'arraché.

NSANGH = trembler, grelotter.

NSANGNEH = être empressé de… être trop gai, être fasciné par.

SANGH = MOUSSANGH = l'oiseau.

SANGH-GOP = la perdrix (elle cacabe).

SANGH-NGUÈH= la pintade (criaille).

SANGH-CHEH = le martin-pêcheur.

NSANHANGH = crépir, lisser, polir en surface une matière pâteuse, goudronner, bitumer, macadamiser.

SAANGH = l'étoile, taie.

SSÈHÈH
NSAMM = couvrir, envelopper, voiler.

NSAMMTEH = cacher un fait, s'abstenir de manifester un état, cacher, une défaillance, une douleur.

SON « SE »

NSEHEH = recouvrir de terre, combler un trou de terre.
= soutirer d'un paquet des objets sans défaire les liens.
= masser en faisant glisser la main.
= émettre les gaz par voie anale.
- POOH NSEHEH GHÛM = comblez le trou de terre.

- POUOUH SEHEH NDING NEH PPÈH = on a soutiré des bambous de la clôture.
- GUEH SEHEH POUHÉ = j'ai massé son bras en partant de l'épaule.
- ÉH SEHEH A' LAM = il a émis des gaz anaux fétides.
NSEHGNEH = manquer du sérieux, ne pas prêter une oreille attentive au problème posé, manquer de collaboration, de concertation avec les autres.

NSÈHÈGNEH = être content, gai, joyeux, égayer son entourage.
= être d'assez bon goût (aliment, vin).

NSÈHÈTEH = éparpiller, répandre, étendre, étaler.

NSÈHÈH = épandre, répandre, mettre sens dessus dessous.
= détruire punitivement une concession, mettre à sac, fouiller de fond en combe pour prendre les biens.

SÈH = l'étoile, la taie…

NSÊH = compter, énumérer.

NSEH = v. bouillir, couper, trancher.
= nom : fibre de la feuille de raphia.
= adj. : neuf, nouveau, non utilisé.
- CHEH NSEH = l'eau bout, est bouillante.
- NSEH NTEH'É = coupe sa tête.
- POUH DEH NSEH BAHAH PUOH = on tisse le sac avec la fibre de raphia.

- MOUH KWAH NDZEH NSEH = l'enfant porte un habit neuf.

NSEHTEH = couper en petits morceaux, hacher les légumes en fins morceaux.

NSÈÈH = le balai, chasse-mouches, la queue touffue.

NSÈÈH-LING = la queue du cheval.

NSÈÈH-DJOUDJOUEH = le chasse-mouches.

NSEMM = fiasco.

NSEM = fiasquer.

MSEM = une parade, fête de noblesse et d'élégance, orgueil.

SEM = jeune homme.

NSIAK = être coupé de trop d'eau, être trop liquide.

NSIAKGNEH = se faire insaisissable, agir avec peu de sérieux, d'une manière désordonnée.

SIAP = l'aiguille.

NSIAP = vendre au détail.

NSIAPTEH = diminuer, réduire.

NSIAKTEH = rincer, laver superficiellement, légèrement.

NSIAH = enlever la peau, l'enveloppe.
= étonner, émerveiller.
Être dans un état piteux.
= avoir une grandeur effrayante, un état qui tétanise.

NSIAHTEH = déchirer en menues lamelles.
= partager en très petites quantités, donner une petite part à tout le monde.

SIAHTE = petite lamelle de peau qui se déchire à la base de l'ongle, minuscule lamelle de bois ou de bambou qui pénètre dans la peau ou la chair.

NSIAHGNEH = se desquamer sous l'action d'un produit, d'une brûlure.

SIAH-NNOK = peau émanant de la mutation d'un serpent.

NSIEP = couper un petit morceau d'un tout.

NSIEPTEH = couper en menus morceaux, se partager une petite quantité.

MSIAH = les merveilles, le miracle.

MSIAH-NNOUEH = du jamais vu ni entendu.

NSIEPGNEH = faire une colique légère et gênante.

SIH = Dieu, le sol, la terre, le sous-sol, à terre, en bas.

NSIHIH = compter de plus, augmenter le compte, le nombre
= sonder, guetter.
= rafistoler un sac, un vêtement ou autre, remplacer les vieilles pièces par les neuves dans une clôture ou un bâtiment.

SIHIH = la sonde, tige de bois servant au remplacement de celle pourrie ou amortie d'une haie vive.

NSIHIHTEH = sonder, un sac plein, tâter un orifice avec le doigt ou avec un objet quelconque.
Figuré : exciter quelqu'un à agir mal, à se venger ou à attaquer.

NSING = dénoncer, dévoiler, dire, raconter.

NSINGTEH = faire des racontages.

MSINGTE = les racontages.

MSINGNEH = les criquets.

SINGNEH = le criquet.

SINGNEH-MKAMM = gros criquet à mandibules puissantes, se cachant dans les feuilles mortes de bananier et réservé aux notables.

SIING = coléoptère à élytres brillants se posant sur le « chaâh » ou paille, des collines = altise.

SIM = le marché, le commerce, la place du marché.
= particule non écrasée dans un mets pilé (taro, plantain).

MSIM = les particules non écrasées.
Fig. = petites fautes que l'on veut mettre en exergue.

NSIHIMTEH NSIMTEH = disparaître comme des particules dans une masse pilée. Se disperser sans crier gare.

NSIMGNEH = fondre dans la main, écraser à faire finir la trace.
= devenir très maigre, chétif.
Figuré : liminer quelqu'un, quelque chose.

SISSIAH = petite particule alimentaire.

NSIHIH NSICK = filer (coton, laine) une corde, frotter entre les paumes de main.

NSICKGNEH = écraser entre les paumes des mains, entre deux doigts, entre les doigts, la paume et une partie du corps, avec la plante du pied contre le sol.

NSIHICKGNEH = percer à l'aide d'une vrille, en tournant la pointe d'une lame dans la matière.
= creuser à l'étroit, sans ouverture en surface.

NSÏHIH = faire une douleur vive, une douleur constructive (douleur provoquée par des antiseptiques piquants, certains détergents).

SON « SO »

SOCK = le laveur, le savon, le détergent.

NSOCKH = v. laver, être têtu, être endurci, = endurer sans plainte, sans broncher.

NSOOK = v. tordre.
= n. piment.

NSOHÔGNEH NSOOKGNEH = déformer, tordre.
= être tordu.
MSOK-SOK MSOOK-SOOK = un tordu, tordu de toutes parts, difficile à redresser, à rectifier.

NSOPH = tourner, guider une machine roulante.

NSOPGNEH = tourner, tourner en rond, tourner autour, à l'intérieur.

NSOUHOH NSOUOCKH = pourrir complètement en laissant couler un liquide.
= cuit à devenir liquide, trop cuit.

NSOUHÔGNEH NSOUOCKGNEH = faire les gestes d'un disloqué, agir désordonné, contraire à la bienséance.
= faire comme le noyau d'un fruit pourri et qui ne tient plus à son enveloppe.

NSOÛH = sarcler, castrer, circoncire.
- NSOÛH NNÉ = sarcler le champ.
- NSOÛH POP NNOM = castrer le verrat.
- NSOÛH MOÛH = circoncire l'enfant.

SOUHOUH = la houe, la pelle.

NSOÛHOUH = tendre une embuscade, mettre un guet-apens.
= porter en introduisant la partie du corps concernée.
= enfoncer, introduire dans.

- NSOÛHOUH CHOUONG = tendre l'embuscade au voleur.
- NSOÛHOUH NNIEH BVÔH = introduire la machette dans le fourreau.

NSOÛHOUH TCHOÔH = porter le chapeau.
- NSOÛHOUH NGWÈH = rendre du sel solide en le fumant dans un tube cylindrique en feuille de bambou raphia.

NSOÛHOUHTEH = enfoncer çà et là, raser mal en laissant des touffes ou des cheveux sur des parties.

SON « SU »

SÛÛCTEH = souche du bambou raphia.

SÛÛCH = la fibre de la souche de bambou.

NSÛKTEH = sangloter, être étouffé par les pleurs, les larmes.

NSÛKH = donner la dot.

NSÛK-HÛT = tailler, couper en sciant, en faisant pénétrer la lame dans la matière par pression du pouce et des autres doigts emprisonnant la lame et la matière à sectionner.

SÛÛK = l'entraide, travail en commun.

NSUMMH = attacher fortement, tirer fort sur le nœud de sécurité.

NSÛMH = avoir le désir, avoir envie de.

SUM-NDING = bambou jumeau de raphia avec une face plate à bords tranchants.

SUM = tranchée de démarcation.

SIH-SUM = l'alluvion, terre déposée par les eaux de torrent ou des fleuves.

SUÔH = la magie, la sorcellerie.
NSUOP = piquer, poignarder, couper en piquant, tuer en piquant.
= injecter.

NSUOPGNEH = s'entretuer, se nuire l'un l'autre, les uns les autres, se haïr l'un l'autre, les uns les autres.

SUOPGNE = la haine réciproque.

NSUOPTEH = piqueter, piquer partout, çà et là.
= avoir un picotement (abdominal, oculaire, etc.).

SOUWONG = poire à purger, petite calebasse munie de deux orifices, l'un latéral, l'autre au bout de la queue et prolongée par un tube en bambou de Chine. L'orifice latéral sert à introduire le liquide médicamenteux dans la calebasse et à souffler par la bouche pour chasser le produit vers le gros intestin par le tube de bambou introduit dans l'anus

SOUONG = la dent, la défense.

NSOUONGH = soutirer, enlever en tirant.

NSOUONGHTEH = soutirer un à un, soutirer çà et là, tomber un à un en parlant d'un paquet.

NSOUONGTEH-MNIEH = faire sortir des gros yeux.
= sortir les coupe-coupe des fourreaux.
Figuré : provoquer, attendre la guerre, s'affronter.
SOUÔH = pagne de parade, teinté en bleu et blanc, originaire du royaume de SOUÔH ou NSO.

NSOUÔHGNEH = faire un savant dosage de deux ou plusieurs éléments différents.
= semer mixte sur un terrain, une bute cultivée (maïs et arachide, etc.).

MSOUÔH = espaces dépourvus de cheveux du visage qui se prolongent en triangle dans les cheveux du crâne. Ils sont souvent accentués par le raseur.
Figuré : les défauts.
- NTÛÛH MSOUOH = insulter en s'appuyant sur les défauts de quelqu'un.

MSOUÔHTEH = les méandres, les détails inutiles, un labyrinthe, un dédale.
- NKOOH MSOUOHTEH = entrer dans les détails inutiles, qui n'aident pas.
NSÔHOH = tamiser.

Figuré : marcher en tirant, en traînant les jambes et presque latéralement comme le ferait un tamis.

NSÛHÛH ? = combien ?

YASSÛHÛH = cela combien ?

SON « TA »

TAH = le père, le papa.

TAH'A' = mon père, mon papa.

TÂHAH = un, l'unité. L'escargot (tetâhak).

TÂHAH-NTEH = un arbre, un piquet.

TÂHAH-CHOM = un bâton, une verge, une chicotte.

TÂHAH-YOUEH = un piquet, un arbre.

TÂHAH-CHEH = un cours d'eau, une rivière, un fleuve.

TÂHAH-DJEH = une part, un tas, un chemin, une piste, une direction, une province, une région.

TÂHAH-DZEH = un long pagne brodé et teinté en bleu.

NTÂHEH = éparpiller, fouiller.

NTACK = prélever dans une matière pâteuse.
= être pâteux.
- NTACK NDZAH = prendre de la merde.
- MSÈH-MÔO TACK = ce couscous est pâteux, mal préparé.

NTACKH = manquer, être absent au rendez-vous.
= empêcher la réussite, la guérison par un procédé occulte.
- ÉH TACKH-SIM = il a manqué d'aller au marché.
- POUH TACKH 'A' = on m'a maudit, on m'a empêché par une manière occulte la réussite.
- POUH TACKH FLING É = on a empêché la guérison, la cicatrisation de sa plaie par la sorcellerie.

NTACKGNEH = mélanger une poudre avec un liquide pour en faire une pâte.
Figuré : être compliqué.
= entrelacer (corde, fil, ficelle, etc.).
- NTACKGNEH HOUEH = mélanger un produit médicamenteux avec de l'huile ou de l'eau.
- SOONA YIEH TACKGNEH = ce jeune homme-là est compliqué.
- DAP TACKGNEH = le fil s'est entrelacé.

NTACKNANG = laisser, lâcher, abandonner.

NTAP = la cabane, la chaumière, la petite maison de la jeunesse.

NTAP-MEKOUOUH = la brigade de gendarmerie, le poste de police (cabane de MEKOUOUH).

NTAP-DJEH = cabane de la route.

NTAP-MEDJEH = le jumeau, la cadette des jumeaux.

NTAP-GOUOH = cabane construite sur une termitière et recouverte de feuilles de bananiers pour empêcher les termites ailées sorties de terre de s'échapper.

MTAP = les chaumières, les cabanes.

MTAÂP = les chaussures.

NTAM = tirer sur, blesser ou tuer à coups de lance ou de fusil, lapider.
= crépir avec de la boue ou du béton.
= confectionner un vêtement, un sac, fermer les trous, les déchirures, les fentes.
NTAMGNEH = entrechoquer, entrer en collision.

NTAMGNEH-MTEH = opposer deux ou plusieurs personnes par des manœuvres.
= exciter des personnes à se haïr.

NTAMTEH = mélanger, réunir, unir, associer, marier.

NTAHAMTE = le mélange, l'union, l'association, la réunion, le mariage.

NTAMH = faire cuire un mets en mélangeant les condiments, de l'huile, de l'eau et du sel, pour une consommation sans sauce.
Figuré : faire une mauvaise cuisson, trop cuire ou très mal cuire (couscous mal tourné).

NTAHAH = voler, planer, voleter, voltiger.

TAHAH MTEHEH = qui vole en l'air, l'avion, l'aéronef, aéroplane.

NTAM-NDZEHE = prendre le devant, prendre la tête, partir avant une autre personne.

NTAMDJUM = suivre, être aux trousses.
Synonyme = DJAP-DJUM.

NTAHÂMTEH = fusiller plusieurs êtres humains ou animaux.

NTAMGWACH = prendre, voler quelque chose pour ne pas s'en servir.
= discuter quelque chose pour l'abandonner après, ne pas s'en servir.

NTAAMGWACH = celui qui vole pour ne pas s'en servir, qui prive les autres d'une affaire, d'un bien pour ne pas en profiter.
= celui qui tue un animal pour jeter, pour ne pas le manger ni le vendre.
Synonyme = KUIGWACH.

NTAPGNEH = s'installer majestueusement.
NTAPTEH = s'asseoir comme un roi, sans se soucier des autres.
= prendre possession d'un bien pour en jouir seul.

TEHEH = la tête, le chef, le haut, le bout, l'arbre, le crâne.
= la fourmi, les fourmis (magnan).
- O' KEMM TEH'A' = tu m'as rasé la tête, tu as pris tout ce que j'avais
- ÉH KOUOH TEHE = il est monté en haut, il est monté sur l'arbre.

TEHEH-TSEH = le colatier, un kolatier.

TEHEH-BBEH = l'arbre à fruits noirs.

TEHEH-TSEM = le prunier.

TEHEH-BÈH-NTIOH = le palmier à huile.

TEHEH BÈH-NETÔH
= BÈH-NTIOH = noyau de fer.
BÈH-NETÔH = noyau à casser en frappant comme à la forge.

TEHEH-TSEM-DOCK = l'avocatier.

MTEHEH = la barbe, qui n'a pas atteint la maturité complète, dont la croissance a été perturbée.
- MTEHEH MIÉ FOOC = il a la barbe blanche.
- MTEHEH GUEFAH = maïs atrophié, dont les épis n'ont pas atteint la maturité (tiges renversées par le vent ou rongées par les termites et autres vers).

NTÈH = la 'case-grenier'.

NTÊH = marchander, arranger, aligner, placer en ordre, réfuter une accusation en plaidant.
- NTÊH SIM = faire le marché, exercer le commerce.
- NTÊH NQUÈH = mettre en rang, s'aligner.
-NTÊH NKUEH = arranger le bois en fagot.
= faire le commerce de bois.
- NTÊH TCHOUOH = plaider sa cause en se servant de la tortue.
- NTÊH TCHOUONG = faire un marché d'objets volés, un marché de dupes.

NTÊHETEH = porter dans les bras des objets.
= tenir une personne par les épaules en se plaçant derrière elle.
= soutenir une personne sous les bras.

NTÈÈH = tresser, tisser en laissant des trous, tisser, attacher sommairement.
= être résistant en parlant d'une liane, d'un lien, d'une corde.
= maigrir, être déshydraté, avoir un pli cutané.

NTÈÈHGNEH = extraire avec le doigt, sonder, gratter une cavité avec le doigt ou un objet pointu.
- NTÈÈHGNEH BIYÈH = voler les arachides en déterrant les gousses avec le doigt, en enlevant les gousses ou les grains du sac ou du panier fermé en sondant.

NTÈÈHGNEH MSOUONG = extraire les débris restés entre les dents avec une bûchette.
= perdre du liquide, maigrir.
NTÈHÈGNEH = minimiser sa part, en demander plus.

NTÉHÉ = enlever, faire sortir = vomir, rendre.
- O'TÉH'A NDIE = tu m'as fait sortir de la maison, tu m'as expulsé de la maison.
Figuré : tu as cassé mon mariage.

NTÉHÉGNEH = étouffer une plaie, renouveler une blessure.
Figuré : renouveler une peine en provoquant celui qui en a souffert.

NTÉHÉGNEH NTOUONG = raviver la peine en provoquant quelqu'un déjà apitoyé.

TÉHÉGNEH NTOUONG = un malheur qui vient à la suite de l'autre, provocation qui rappelle une peine passée.
- QUEH TÉHÉGNEH-LOUONG A' = ne ravive pas mon chagrin, ma tristesse.
- O' TÉHÉGNEH KOUOH A' = tu as étouffé la blessure de mon pied.
NTÉHÉHTEH = faire sortir de toutes parts.
= ouvrir grandement (les yeux).
- NTÉHÉHTEH-TSEH = faire sortir les choses de toutes parts.

NTEMM = sortir de, envoyer quelqu'un, quelque chose.
= soutenir par une cale.

NTEMMTEH = soutenir par des pieux ou des pierres.
Figuré : protéger, supporter, apporter une aide matérielle ou morale à quelqu'un.
= sortir de toutes parts.

TEMMH = support, piquet servant à soutenir un bananier, ou autre, menacé de renversement.

NTEMDIEH = le but de la sortie, les causes d'une sortie, d'une visite.

TEM = le tam-tam.

TSEM = la prune.

TSEM-DOCK = l'avocat, fruit d'avocatier.

TSÈHTE = friandise, apéritif.

TSEH = la cola ou kola.

NTSEHEH = l'action de donner les enfants.

NTSEH = les biens.

NTSEH-NTSÙH = la nourriture, les biens à manger.

NTSEH-TSAHA = les choses là, les individus indésirables là
NTSEH-TSOHO' = ces choses sans valeur.

NTSEH-TSIEHE = les sans valeurs là-bas.

SON « TO »

TOMM = l'abcès, une myosite suppurée, une adénite, etc.

NTÔM = une grenouille.

NTOMMH = saisir, arrêter, faire un abcès, faire une fondation de la maison.

NTOHOMTEH = tâtonner, imaginer, faire des abcès, des furoncles, de la gale.

NTOHOMGNEH = s'arrêter l'un l'autre, les autres, se tenir l'un l'autre.
- NTOHOMGNEH-BOUH = se tenir par les mains.

NTOM = une goutte, fruit, pomme, un puits, une fosse.

NTOM-DOCK = pomme de terre.

NTOM-MESSI = pomme indigène poilue.

NTOM-MNIEH = pomme indigène amère.

NTOM-TSEH = la noix de kola.

NTOM-POUOH = un melon, une courge.

NTOM-PIAH

NTOM-TSEM-DOCK = un fruit d'avocatier.

NB : PIAH veut dire poire, pear en anglais.

NTÔM-TEH = fruit de l'arbre, la goyave.

TÔM-TEH = un gros piquet.

TÔM-LOÔH = une grosse igname sucrée.

TOM-YOUOUH – une grosse igname blanche.

NTOUH = percer, perforer.
= lutter.

NTOUHOU = aiguille à percer, l'alêne, intestins.

NTOUHTEH = percer de part en part, fendre en plusieurs parts.

TOUHTE = la syphilis, les maux perforants.

NTOUHGNEH = fendre, séparer en parts ou en parties.

NTOUHGNEH-DIEH = diviser la famille, séparer les membres d'une famille par des agissements.

NTOUHGNEH-MTEH = mettre les gens en conflit.

NCHAMGNEH-MTEH, NTAMGNEH-MTEH =par des intrigues.

NTOUHOUH = légume de tiges de taro séchées.

TOUHOUH = le bourgeon principal. Le cœur de l'arbre, le milieu.

TOUHÔTEH = le coin, le recoin.

TOUÔH = un compartiment, une chambre, un recoin.

NTOUHOTEH = édifier étroitement, sans architecture propre.

NTOUTOUÔH = agir avec confusion, avec la peur, marcher à l'étroit.

TOUHÔGNEH = se disputer une chose, chacun cherchant à s'en emparer seul ou à prendre la plus grande ou la meilleure partie possible.

NTOUOÛH = puiser, ramasser à deux mains un liquide, une poudre, de la graine, etc.
Figuré : ramasser un corps presque inerte qui ne donne aucune possibilité de le soulever ou relever.

NTOÛHOÛH = la corne, la boîte, le gobelet, le verre à boire.

NTOÛOUH = rabougrir, ne pas pousser à la taille à produire des grains (arachide).

SON « TI »

NTIÉH = briller, éblouir, être ardent, en parlant du soleil.
= piquer en parlant de certains insectes et fourmis, du piment et autres.
- NNAM TIEH A' = le soleil m'a brûlé.
- SSOCK TIÉH = le piment chauffe, brûle.
- TITIÉH TIÉH A' = la fourmi m'a mordu.

NTIEH = la colonne, un pilier, poteau en bois soutenant la toiture d'une case extérieurement.

TITIEH = la fourmi noire ou bleue à galerie souterraine et dont la morsure fait très mal.

NTIEH-NKUEH = une tige de bois sec.

NTIÉHTEH = picoter, faire mal comme la morsure de titieh; avoir des picotements.

NTIEHEH = pousser, bousculer, faire de grands efforts pour écarter le mal, le péril.

NTIEHEHGNEH = bousculer de gauche à droite, de tous côtés pour réussir, pour sauver une situation.

NTIHTEH = teinter, marqueter de peinture, avoir de petites couleurs différentes.
= tacheter, maculer par endroits.

NTIING = faire tétaniquement mal (comme la morsure d'un serpent, d'une abeille, d'une guêpe, le contact de la peau avec certaines plantes).
= devenir raide comme mort.
= souffrir d'un mal en raidissant le corps, en se raidissant.

MTIING = les douleurs tétaniques.
= marques particulières pour reconnaître.
= les amusements, l'humour, la bouffonnerie, ce qui provoque le rire, ce qui amuse.
- NNAH A' WOUOH NTIING = j'ai des douleurs tétaniques sur tout mon corps.
- GHEH MTIING NEH PUOH O' = fais des marques particulières sur ton sac.
- MOUH YANG MAHAH MTIING = cet enfant amuse, il fait de l'humour, de la bouffonnerie.

NTIHIMTEH = tenir une canne, marcher en utilisant une canne.
Figuré : soutenir quelqu'un dans sa marche, surtout un malade.

NTIHIM = sorte de fougère de nos marécages et champs.

NTITIING = le ver de terre, le lombric.

NTIHING = tailler à l'oblique, tailler les branches d'un arbre, émonder.

NTIHINGNEH = s'arrêter, être droit, avoir un bon sens (une parole).

MTÏH = la salive, partie située entre deux nœuds (canne à sucre).

SON « TU »

NTÙM = la langue, le cœur (organes).
- NTÙM A' = ma langue.
- NTÙM TSIÉH WOUOH BOUOUH = son cœur bat.
= accident, blessure.

- DZÛH NTÙM TAHA SOHA = il n'y a pas un temps précis, une heure précise pour la survenue d'un accident.

NTÙHUM = le vampirisme, la méchanceté.
= les anticorps maternels, les gènes maternels.
= l'acte, l'action de cacher.
- NTUHUM VAM SOHNE YANG = ce garçon, ce jeune homme est méchant.
- GUAH NTÙHUM MAJOUOGO KEMGNE = les enfants qui ont les gènes, les anticorps de MAJOUOGO. Les enfants issus de ses filles, petites-filles et arrière-petites-filles.

NTÛÛM = l'intime, le confident, ami très cher.

NTUMTE = la sucrerie, qui a bon goût.

NTÚHUCTE = les jongleries, le trucage, le paraître.

NTÚKHÛH = écorce mystique que l'on donne à boire à un justicier.

TÛHÛCTEH = paille à tige cannelée sucrée à la maturité et comestible. « le châhah).

TÛHÛCGNEH = l'affront d'humeur de deux individus, une rivalité chronique de certains individus.

SON « VA »

VAM = le ventre, l'abdomen.

VAMTE = rechignement avec ronchonnement.

NVAMTEH = rechigner en ronchonnant.

VAAM = onomatopée, bruit que fait une chicotte en frappant un individu, que fait un arbre qui tombe, etc.

NVAAMTEH = fouetter, chicoter un peu brutalement, sans aménagement.
= réaliser à la hâte.

NVAHAM = sortes de petits termites marronnes qui envahissent souvent les cuisines, entrent dans les repas huilés et dans les calebasses d'huile ou « dèèh mwah » et même les termitières où elles détruisent les termites comestibles et la reine et chassent les ouvrières. <u>NB</u>: le « H » est muet.

NVAHAM-DJUC = minuscules moucherons à gros ventre des bords de fleuves dont les piqûres causent de graves démangeaisons. On les appelle aussi mouches noires ou « moût-moût ».

VAM-NKÙH-HOUOH = un ventre très 'ballonné'.

VACK = onomatopée, bruit de l'eau, d'un liquide quelconque qui se verse en lame, en pulvérisation.

VACK-VACK = chute où l'eau tombe en s'étalant, comme en pulvérisations denses, contraire de KANG-KANG où l'eau tombe comme dégoulinant d'une calebasse.
Figuré : bavardage incontrôlé.

NVAAGNEH = effacer, faire disparaître les traces.
Figuré : tuer, faire disparaître.

MVAAGNEH = cérémonie de pardon, de la réconciliation. Médicament préparé en cette occasion et partagé à tous les membres de la famille.

BVAHTEH = devenir terne, perdre de son éclat.

BVAHEH = faire une erreur en comptant.

VANG = adj. Nombreux, beaucoup, en grand nombre.
- VANG DZEH = un troupeau de chèvres, de nombreux vêtements.

BVANG = le maillet, morceau de bois servant à enfoncer les pointes en bois ou en bambou, synonyme Kweh-pah.

NVANG = lancer un morceau de bois ou autre objet un peu ou moins long.

VANGGNE = moelle de bambou raphia.

MVANGGNE = les moelles de bambou raphia.

NVANGGNEH = faire un judicieux mixage de deux produits de qualité ou de goûts différents.
- NVANGGNEH MLOUOUH = couper du vin sucré, du vin aigre.

SON « VE »

VEHE = l'art, l'architecture, l'écriture.

NVEHEH = écrire, marqueter, dessiner, marquer des rayures.

NVEHETEH = écrire partout, en désordre.
= écrire de toutes parts.

VÈH = amusement, distraction provoquée par autrui pour écarter l'attention du problème qui nous concerne.

MVÈH = le sable, les très petits cailloux.

NVÈHÈGNEH = troubler une eau, une sauce, mélanger de la poudre et de l'eau.
= mettre différents objets dans un désordre absolu.

BVEHEH = l'écrivain, le marqueteur, celui qui fait la teinture.
= une gousse.
- BVEHEH-TSEH = une gousse de kola.
- VEHE-MTÏH = étymologie = art de la salive.
= œuvre très éphémère qui ne dure pas une minute, presque inutile, dans laquelle on s'applique pour rien.

NBVEH = la lie.
= le vêtement, la chèvre.
- NBVEH-MLOUOUH = la lie du vin de raphia.
- NBVEH-TOUH = le vêtement cache-sexe, la culotte, le pantalon.
- NBVEH-NTIOH = la chèvre.

BVEHE-VAM = un abdomen en excroissance, un ventre rebondi, redondant.

NVEH = la cendre, la poudre, la farine.

SON « VO »

NVOH = tatouer, circoncire, casser en deux.

NVOHTEH = casser en plusieurs morceaux.

Figuré = frappez brutalement une personne lui causant des blessures ou des fractures.

NVOHOH = vieillir, prendre de l'âge.

BVOKHEH = échapper à la mort, rester vivant après un accident, être libéré d'une souffrance physique ou morale, soulagé d'une préoccupation.

BVOHÔKGNEH = sursauter, se mouvoir un peu à l'annonce de la survenue d'un évènement.

BVOHOGNEH = sortir du sommeil, se réveiller en sursaut.

BVÔHGNEH = le fourreau d'un coupe-coupe.

BVÔH = l'étui, le fourreau.

NBVOH = vieux, usagé, âgé, vieillir.

SON « VU »

BVÙH = la patate, la carotte indigène.

BVÙH-KUM = la patate douce.

BVÙH-NGUÈH = carotte indigène fibreuse.

BVÙHÙH = le chien.

VÙÙH = la mort, le deuil, le décès.
Figuré : personne méchante, entreprise difficile.

NBVÙHÙGNEH = marcher en titubant.
= être dans l'incapacité de se mettre debout, de s'asseoir droit.
NBVUHUTEH = tomber çà et là en parlant de plusieurs objets, de plusieurs êtres (humains ou animaux).

NVUHUMTEH = frapper avec la chicotte, une verge sur tout le corps
Figuré : réaliser sommairement à la hâte.
= administrer une volée de bois vert.

BVÙÙK = le reste, le dessous, le fond, la place de derrière dans un lit.

NBVIHIK = fermer.

BVIK = allumer le feu, raviver le feu.

NBVIHIK-NDIEH = fermer la porte de la maison.

BVIKGNEH = activer. S'activer en parlant du feu, d'une étincelle d'un mégot pour une flamme.

SON « W »

WAP = eux, elles, ils.

WAHAP NWAP = rapidement, vite.

WACK NWACKH = légume de haricot, bourgeons du petit haricot blanc appelé NIEBÉ.

WAHAYOUOH = chose perdue, chose abandonnée. Enfant né orphelin.

WAHÂH WAÂH = le nid, pondoir.
WAÂH-NGOP = pondoir pour la poule.

MWÂH-MWÂH MWÂH-WÂH = nom des évènements différents, des faits divers, des faits qui arrivent au même moment, mais ne se ressemblent pas.
Adj. = les choses de différentes qualités, formes et couleurs.

ÑWAHÂH NWÂHAH = du tissu multicolore, fleuri ou tacheté.

NWAHÂHGNEH = émettre des reflets changeants, passer devant la vue comme un essaim d'abeilles.

ÑWAHÂH = le miel, abeille, essaim.

ÑWAHÂGNEH NWAHAGNEH = les écrits, les lettres, le livre, l'écriture.

ÑWAHAGNEH = faire des choses en commun, être liés dans les actes quotidiens, s'échanger des idées, d'objets, etc.

WAH-NTÔHOH WÂH-NTOOH = qui tue à la guerre et incendie. Le vainqueur.

WÂH-NNÈH = qui tue et prépare, qui tue pour manger.

WAH-FYING WÂH-FIING = qui tue pour vendre.
- WÂH-NNEH et WÂH-FIING sont tous deux des voleurs. Mais le premier vole moins que le second, car dès qu'il est rassasié, il attend un autre jour pour recommencer, le temps de finir la viande qu'il a préparée, tandis que le second qui tue et vend ne s'arrête pas de voler, il a la profession de boucher voleur.

NGWAHTEH = fendiller, se fendiller, avoir des fissures.

WAHÂKÉH WAAKÉH = petit rat rayé de nos champs.

WAH'A' NDJEH? = qui sait? Qui peut dire qu'il est prévoyant?

ÑWÈHÈTEH-SÏH ÑWÈHÈTEH-SIH = disparaître subitement sans qu'on s'en aperçoive, comme si l'objet concerné avait fendu le sol pour s'y enterrer.

NWÈHÈGNEH (verbe) ÑWÈHÈGNE (nom) = la joie, la manifestation de la joie, l'action d'être heureux, joyeux.

SON « WE »

NWÈH = la place du marché, le quartier, la place de danse.

WÈHÈH ! = exclamation de surprise, d'indignation.

WÈHÈTEH = esquive, passe à côté, évite, ne t'approche pas, ne t'en approche pas.

ÑWÈH = N. cloche, carillon, clochette.
V. luire, étinceler.

ÑWÈHGNEH = être joyeux, content, être gentil, poli, serviable.

SON « WO »

WOUOH – vous – WOH

WOUOC = nous (sans vous) = WOK.

WOUOC PAH = nous (avec vous) = WOH PAH.

WOUEH = toi.

WOUHOK = la petite chauve-souris de nuit à mailles noires, l'hirondelle.
WOUHOKTE = le parapluie.

WOUHOKGNE = affolement, empressement désordonné.

WOUOP = une gaule ou longue perche crochue servant à cueillir les fruits.
= une couche, un compartiment.

MWOUOP = des gaules. Sorte de danse pour jeunes, s'exécutant torse nu, mais un pagne ou un pagne d'apparat noué autour des reins.

NWOUHOŬH = l'action de grossir, de grassir.

NWOUHOÛHGNEH = l'action de gonfler, l'action de faire la moue.

WOÛHOUH = champignon géant, plus grand que l'agaric champêtre.
WOUOUPIIH = cri de joie, de victoire, alléluia.

WOURIRI = cri de détresse le plus souvent émis par les femmes.
= cri d'encouragement émis par les femmes pour motiver le danseur ou autre dans une bonne action.

WÏHI = le rire, le sourire, la moquerie.

WIHIM = la prise de soin sur quelqu'un, sur quelque chose, la manière d'élever un être.
= état d'avoir du bien, la suffisance.

WIHIM-CHEH = la purge à l'eau, purge-toi.

NWIHIM-CHEH = se purger à l'eau médicamenteuse ou simple.

SON « Y »

YAHAH ! = interjection, cri de désapprobation contre un mauvais acte, un mauvais comportement d'un vis-à-vis, contre un mensonge.

YÂHÂH ? = pronom interrogatif = lequel, laquelle, quel, quelle.

YAHÂHGNE = l'action de vomir, les vomissements.

YACH = la conscience, le moi, l'être intime, esprit, le constituant de la vie.
-YACH'É TCHIEH = il n'est plus conscient, son être intime n'est plus en lui.

YANHANG = pronom démonstratif = ceci, celui-ci, celle-ci.

YAHEH = pronom démonstratif = cela, celui-là, celle-là (près de toi).
YAP = pronom possessif = le leur, la leur.

YAHAPGNE = être au-dessus, à la vue.

YAPGNE = la concurrence, la compétition.

YAPTE = l'action de poser, l'action de servir à manger par bouchées à une personne.

YAP-LING = l'action de s'insulter l'un l'autre, les uns les autres; de vilipender, de vilipender l'un l'autre, les uns les autres.

YAMM = arbre à sève blanche et collante, et qui sèche rarement dont on se sert pour installer le nouvel occupant d'un terrain. Ici, il est appelé 'centuaire' de Dieu. « Tchuepsi » ou autel de Dieu, ou encore hôtel Dieu,

car c'est là qu'on fait des sacrifices pour demander le bien-être et la guérison.
= action de se réveiller.

YAMMH = réveille-toi, réveille…

YEMMH = l'action de maigrir, de se déshydrater.

YEMH = adj. Accompagnant le nom = quelque chose de sec, de séché.

NDJEMH = maigrir, sécher, sécher.
- YEMH KELOUONG = du plantain sec (sans viande, sans graisse).
M'YEMH = pluriel de YEMH.
- M'YEMH NDZAH = de la merde séchée, des excréments secs.

YEMTE = l'insulte, le déshonneur.

YEMHEMTEH = adj. Sec, sans humidité.
- TSÙUK YEMHEMTEH = endroit protégé de la pluie, de l'humidité
Figuré : en sécurité.
- TSEH YEMHEMTEH = l'argent en espèces.

YÈHNEH = la vivacité, l'agilité, la promptitude.

YÈH = YANG = la natte pour la couverture des toitures, les feuilles du bambou raphia, du dattier ou du palmier, les feuilles ou branches d'arachide.

YÉHÉH! = exclamation d'indignation, de surprise.

YÉHÉHÉ! = exclamation de surprise, pour un oubli, pour une confusion, d'étonnement devant un fait imprévu.

YIEH = celui-là, celle-là (loin de nous).

YIEHGAH = celui-là, celle-là (éloigné de nous).

YIEHBAH = celui, celle, dont on a parlé, qu'on a choisi, vu, réservé.

YIEHBÔHÔH = celui, celle dont on parle.

YÈHNEH = les courbatures, la douleur musculaire.

SON « YO »

YOH = le vôtre, votre, la vôtre.

YOCK = le nôtre, notre, la nôtre.

YOÔH = celui-ci, celle-ci.

N'YOM = l'abondance, le grand nombre, le fait d'être nombreux.

YOUEH YOUOH = quelque chose, un objet.
YOUHOÛH = l'igname blanche, jaune.

YÏH! = exclamation de surprise, poussée au moment où l'on entre en contact physique avec un corps très froid ou liquide glacé.

YOUEHBAHA YOUEH-BEHE = la chose en question dont on a parlé.

YOUHÔH = cette chose-ci.
Figuré : personne sans valeur, méprisable, près de moi.
YOUHÂH = cette chose-là.
Figuré : personne sans valeur, méprisable près de toi.

YOUBÔHÔH = la chose en question, dont on parle.
Figuré : cette personne sans valeur, méprisable dont nous parlons.

YOUOH-TEYOUOH = le zéro.
Figuré : personne qui existe comme si elle n'existait pas, sans valeur, qui ne peut être d'aucune utilité.

YOUOH-NNÉH = chose gratuite.
Figuré : personne sans valeur, inutile.

YOUOH PÔPÔH = chose gratuite.

YOUOH SSEH = chose nouvelle, ce que l'on apprend, l'on connaît, l'on voit pour la première fois.

YOUOH-TCHOUPOUONG = une mauvaise chose, chose dangereuse
Figuré : une personne méchante, méprisable.

YOUEHMTÔH YOUOH-MTÔH = un bien commercial, chose à vendre.

YOUOH-MOUH, YOHÔTÔH = chose qu'on réclame, qu'on demande sans donner le nom. Étymologie = c'est une personne qui entre chez une femme, s'assoit auprès de la pierre du foyer, et après un certain temps, demande à cette dernière ceci : « s'il vous plaît, donnez-moi ma part de la chose-là », on ne sait pas s'il demande la nourriture qui cuit au feu ou autre chose.

YOUEH A, YOUOH A = ma chose, mon bien.

YOUOH-O' = ta chose, ton bien, ta propriété.

YOUOH-É = sa chose, son bien, son patrimoine.

YOUOH-YOC = notre chose, notre bien à nous sans vous.

YOUH-YOCPAH = notre chose, bien à nous tous, vous et nous.

YOUH-YOCPOUH = notre bien à toi et moi.

YOUH-YOCPIEH = notre chose à lui et moi.

YOUOH-YOCPIAHPOUH = notre chose à eux et vous.

YOUOH-YAP = leur chose.

YOUEHPOUPONG YOUOH-POUPOUNG = une bonne affaire.

SON « ZE »

NDZEHEH = semer, être amer, avoir un goût amer, s'arrêter (chemin, piste, un terrier, etc.).

NZEH = accoucher, mettre bas, cuire, pourrir, mûrir (un abcès).

NZEHTEH = écraser, moudre pour une seconde fois la même matière, repasser la pierre à écraser sur une substance déjà écrasée pour la rendre plus fine.
= accoucher, mettre bas, partout, un peu en désordre.
= être atteint de la teigne.

NZEHETEH = poursuivre, suivre les traces, à la suite de quelqu'un.
= s'enfoncer jusqu'à la disparition de la vue.
= semer çà et là, planter un peu partout.

NZEHGNEH = v. demander conseil, solliciter l'accord d'autrui.
Adj. = poli par l'usage (piste, entrée d'une case, d'un terrier, d'un manche, etc.).

DZEHEH = le devant, devant, le mieux = le semeur.

DZEH-CHEH = l'hippopotame = le cheval de l'eau, la chèvre de l'eau.

DZEH-PÔHÔH = noix de palme cuites et séchées, conservées et servant à préparer la sauce en période de pénurie d'huile de palme.

DZEH-DOUOP = pagne de noblesse et de parade pour les danses nobles (tso, matchié mvouop et msem) origine Ndop, nord-ouest.

DZEH-SOUOH = pagne presque semblable au SOUOP avec des motifs décoratifs un peu différents, origine Nsoh nord-ouest.

DZEH-SSEH = le vêtement neuf.

NZÈHÈTEH = lécher à petits coups, lécher doucement.
= manger de petites friandises.

DZEM NZEM = les pruniers, les prunes= safoutier, safou.

ZEH = v. = amertume.
Adj.= ce qui est amer, qualité de ce qui est amer.

NZEDZOH = rabougri, de petite taille.

SON « ZO »

NZOP = le hérisson, le porc-épic.

NZOP-TIÉGUEM = le hérisson.

NZOP-MKAHATEH = idem.

NZÔPEH = frapper, taper, battre.

NZÔPEHTEH = tapoter, frapper légèrement.

NZÔHÔH = les testicules, les bourses.

NZÔHOTEH = chercher à dévaluer une marchandise, une œuvre.

NZÔH = construire vulgairement, édifier comme les termites.

NZOHTEH = avoir des boutons denses comme dans l'eczéma, dans une fièvre.
- édifier mal une maison en brique ou en béton.

NZÔHOH -NZOÔH = régurgiter.

SON « ZI »

NZIC = coller, être sale.

NZICTEH = frotter pour enlever la saleté.
= rincer pour enlever la moindre saleté.

NDZÏCH = la saleté, la crasse.

NZÏHIGNEH = saigner très légèrement, suinter un peu.

NZIHIC = le colleur.

NZIHICTE = celui qui frotte, celle qui aide à frotter (surtout le dos).

NZIHITEH = coller de part en part.

SON « ZU »

NZUM = rouler quelque chose de flexible.
= faire le tour de; contourner.
= entourer avec de la liane ou du fil, fil barbelé.

NDZÛH = celui qui mange, celui qui prend la succession, qui gagne.
- NDZÛH MSÈH = celui qui mange le couscous.
- NDZÛH-NDIEH = le successeur, l'héritier.
- NDZÛH-CHOUACH = celui qui gagne la tontine, la cotisation.

DZÙH = manger, bénéficier, succéder.

DZÙH-NDIEH = succéder, prendre la place de…
= manger dans la maison.
Étymologie = gagner les rênes, tenir les rênes d'une famille, accéder à la direction d'une famille.

NZÙHÙH = tordre.

NZÛHÛHGNEH = tordre dans tous les sens; tirailler quelqu'un ; l'amener à faire des mouvements involontaires.

DZÛHÛH = les lianes sylvestres.

NDZÛH = cultiver, labourer.

NDZÛHÛGNEH NZUHUGNEH = atteindre progressivement le corps ou une partie du corps en parlant d'une affection, d'une infection microbienne, user en rongeant partout.

NZÛHÛH NDZUUH = le dehors, dehors, le monde, le jour.
= les habitudes alimentaires, les biens alimentaires.
- NDZUUH WOUOH NTIOH = le dehors est dur, difficile à vivre.
-ÉH KAAH NDZUUH = il a parcouru le monde.

- NDZUUH LOOH = il fait jour, le jour s'est levé.
- NZUUH MIEH TCHEH NDZUUH FÔ = ses habitudes alimentaires dépassent celles du roi.

INDICATIONS PRATIQUES

1– Le « H » placé en fin du mot ou au milieu du mot se prononce dans un son intermédiaire entre le « E » muet et le « H » muet.
Il se prononce en effet comme une expiration au bout d'un effort ou dans une défécation difficile.

2– Le « CH » en fin de mot se prononce comme un « C » affaibli.

3– Les accents placés sur les lettres modifient la prononciation du mot concerné.
On traîne sur la lettre si l'accent est grave ; on est bref si l'accent est aigu, dans l'accent grave ; on ramène la langue vers la voûte du palais. Dans l'accent aigu ou est labial.
L'accent circonflexe modifie le mot de la même manière qu'en français, comme dans voûte, hôte, je goûte, etc.
L'accent ou le signe placé sur la lettre « N » se prononce dans un son entre « GN » français et « N » espagnol de NIÑO, de MAÑANA.

4– L'infinitif et la conjugaison de certains verbes.

A– les verbes avec l'infinitif en « B » se conjuguent en transformant la lettre basale « B » en « P » sauf dans la forme progressive.
Ex : NBEM = façonner.
- GUEH PEM = j'ai fabriqué, façonné.
OH PEM = tu as façonné.
- PAH PEM = nous avons façonné.
- GUEH WOUOH NBEM = je façonne, je suis en train de façonner
- NBOPTEH = gâter, détruire.
- OH POPTEH = tu as détruit, gâté.
- OH WOUOH NBOPTEH = tu es en train de détruire, de gâter.
Les infinitifs en « D » base se conjuguent en transformant le « D » en « L » sauf au progressif.

Ex : NDANG, NDANGTEH.
EH LANG = il a visé juste.
KEH LANGTEH « A » = ne me tente pas.
POOH WOUOH NDANGTEH = vous tentez, vous êtes en train de viser.

Les infinitifs en « J » se conjuguent en « Y »

Ex : NDJOH = voir, trouver.

NDÉHÉH = regarder, chercher.
- ÉH YOH, EH LÉHÉH = il a vu, il a regardé, il a trouvé.
NDJOUH = écouter, entendre.
- GUEH YOUOUH = j'ai entendu, écouté.
- PEH YOUOUH NWÈH = nous avons tous entendu, compris, écouté.

Attention : NDJOUH = enfumer, recouvrir de fumer, rôtir à peine ne transforme pas son « J » basal en « Y ».
- GUEH NDJOUH NTAAH = j'ai enfumé la marmite, la cruche.
- ÉH NDJOUH MLANG = il a mal rôti les ignames.
- ÉH NDJOUH NDEHE-MOCK = il a produit une grande fumée, il s'est plongé dans la fumée.

NDJOCK = planter, produire des démangeaisons, fait aussi exception.
- GUEH DJOCH TCHUEP = j'ai planté l'arbre béni, lieu de culte des offrandes.
- KOUOUHKÈH DJOCH = le macabo démange, provoque des démangeaisons.

LES ÉLOGES OU FORMULES DE POLITESSE CHEZ LES PEH LANG-DJOH

Chez les lang-djoh (Pah djoun), les éloges (mkouh ou mghantes) font grandement partie du respect donné par les hommes, les femmes et les enfants, non seulement aux parents (grands-pères, grands-mères, pères, mères, aînés, mais aussi aux femmes et aux enfants. Chez les lang-djoh, les éloges, la politesse font partie du quotidien. Même si les dignitaires semblent les mériter plus que les autres, ils sont impératifs pour tous. Même si l'initiative des salutations appartient aux inférieurs, les supérieurs doivent répondre à ces salutations avec une courtoisie agrémentée d'éloges. Si bien que l'inférieur se sent culpabilisé lorsque le supérieur ne répond pas à son salut; il pense qu'il a commis une bêtise pour laquelle le supérieur a envie de le sanctionner ou qu'il le confond à celui qui a commis la bêtise ou qu'on l'a tout simplement calomnié auprès du supérieur. Si l'initiative de la salutation appartient à l'inférieur, c'est simplement pour qu'il acquière le concept du respect dû aux supérieurs et aînés. Le salut ici se fait par l'expression verbale « bonjour mon père = ô tih youh leh tah? Bonjour ma mère = ô tih youh leh mah? Bonjour grand frère ou grande sœur = ô tih youh leh kuiha= mon père, ma mère, mon grand frère, ma grande sœur.

Mon père ou ma mère désigne tout grand-père, toute grand-mère, tout homme âgé, toute femme âgée, que l'on croise dans la concession familiale, dans les sentiers et tous les lieux publics, qu'ils soient connus ou pas.

Mon grand frère ou ma grande sœur, autrement dit mon aîné, désigne toute personne plus âgée que l'on croise ou rencontre. La mère génitrice est couramment appelée mon aînée ou kuih a, comme le grand frère et la grande sœur. On n'appelle la maman mah que lorsque vos propres enfants deviennent grands et interpellent leur grand-mère en utilisant le mot mah; chez les Lang-djoh, comme chez leurs voisins, le mot mah désigne la grand-mère. Ma mère ou maman dans le sens du français se dit ici kuiha a ou mon aînée. C'est votre âge avancé et celui de vos enfants qui vous feront appeler votre mère ou maman mah. Très souvent, lorsqu'on va rendre visite au grand-père, à la grand-mère ou au père au-dessus de la cinquantaine environ, on lui dit bonjour en ces termes : « ô tih djèh â tah?

Ô tih djèh a tah? Ce qui veut dire : « as-tu retrouvé le soulagement grand-père, grand-mère ou père et mère âgé? » Que ce soit le grand-père, la grand-mère, le père ou la mère âgé, tous, après les travaux champêtres ou les marches pénibles à travers champs et sentiers ravinés ou rocailleux, se plaignent des courbatures et se font souvent masser par les conjoints ou les enfants. C'est pourquoi les enfants et les épouses adressent ô tih dheh a ! au grand-père, à la grand-mère et au père ou la mère âgé.

A tous ces saluts, le grand-père, la grand-mère, le père, la mère, le grand frère ou la grande sœur, doit répondre avec les éloges courants et suivant la lignée à laquelle appartient l'inférieur, s'il ou elle en connaît. Exemple: blang, ngoh kwèh, si l'enfant appartient à la lignée royale.

• Mouh tchoh, ngoh tchoh, si l'enfant appartient à la lignée des serviteurs du roi. Saah doh ; tah dieh, dehfoh.

• Tahgneh, ngoh gneh, soh mehgneh, djuih mehgneh, si le garçon, la fille, la jeune femme, la femme appartient à la lignée des mouh à bóh ou est marié à cette lignée. Pouah bôh = pluriel on dit souvent mmouabôh. Si le supérieur salué ne peut distinguer, il répond simplement : gueh ping beh tah, beh mah ou merci ma mère, merci mon père. Ou gueh ping beh mouh wock ou merci mon enfant ou mon petit frère, ma petite sœur. On dit aussi gueh ping beh mouh a ou merci ma fille ou mon garçon.

Il en est de même pour les personnes qui rencontrent d'autres personnes au travail. Chez les Lang-djoh et leurs voisins, les personnes trouvées au travail utile doivent être encouragées et félicitées par tout passant. Sinon, ce dernier est considéré comme méchant ou mal élevé. Les encouragements sont : Adom dom dom, mtah mmah, tioh pouh, ou courage mon père, escrime, ou escrimez si vous êtes deux personnes ou plus (pohoh tioh pouh, pohoh tioh pouh m'tah, mmah ou pohoh kahah ntioh) ou tout simplement ah pahah, ah pahah (sous-entendu, c'est comme cela qu'il faut faire).

Ces encouragements peuvent être accompagnés de noix de cola, de vin de raphia et autres que le père en question ou la mère a à sa disposition au moment où ils passent.

Ici, nous ne sommes que dans le domaine des salutations.

On peut ajouter à ces encouragements au travail utile, les mots ou expressions suivants :

Mah jouong foh = armée du roi, ou soldat du roi.

Il existe d'autres éloges liés au prestige de la personnalité dont l'enfant ou la personne porte le nom. Il y a ngah djeh adressé à tous les Kamga ou Kamgue, Kamdem, Kaptué en relation avec Foh Kamgue, foh Kamdem, foh Kaptué le ngah djeh étant un arbre au feuillage touffu et qui ne permet pas à la pluie et aux rayons de soleil d'arriver facilement à son pied. En cas de pluie et de grand soleil, tout passant vient se réfugier sous sa frondaison.

Les rois sus-cités avaient le devoir ou précisément s'étaient donné le devoir de protéger tout le monde, riche ou pauvre, étranger ou son sujet. On a ainsi soh Nekah ou ami du nomade ou ami du Blanc. Si votre parent vous a donné, à la naissance, le nom d'une personne qui a accompagné le Blanc dans ses tournées, on vous interpelle par les éloges de soh Nekah.

Tah meh djouong ou tah mmuoh-djouong est l'éloge adressé à celui qui porte le nom du commandant de mehdjouong. Tah mmuoh-djouong est l'éloge généralement adressé à celui qui porte le nom d'un roi ou foh.

Dans Lang-djoh, le quartier où l'on trouve beaucoup de noms liés aux éloges est et demeure Djiohmghuoh. Si bien que beaucoup de personnes de ce quartier ont perdu leur vrai nom au profit de leurs éloges. Si nous partons de ce que nous pouvons appeler académie de médecine traditionnelle de Djiohmghuoh ou le 'kouhguèh', nous notons que la fondatrice de cette académie a perdu son propre nom au profit de ses éloges. On ne connaît plus le nom de l'épouse de Tagne Ntih ou Tétïh qui, lui, a perdu son nom. Tagne Ntïh veut dire Tah gneh originaire de Ntïh. Quant à sa femme, Meh deh ñoh, ce nom n'est autre chose qu'un éloge qui signifie la mère ou la femme qui berce les je ne sais quoi d'embarrassant. Les bébés que l'on prenait pour morts.

On y avait ajouté d'autres comme meh kuèp mtchouoh ou la mère ou la femme qui purge les poltrons. Elle rendait peureux des hommes et des femmes courageux. On la nommait mehdehño hchom ou Mehdenoh qui se soucie des malheurs des autres, qui venait au secours des autres, qui prenait pitié des autres.

Dans son équipe, vous avez Tah Tuéneh ou le père de Tuénèh qui a perdu son nom.

– Tah Tuébuh ou le père de Tuébuh, a presque perdu son vrai nom de Guébuh.

– Tah Tohguem ou le père de Tohoguem, a perdu son nom.

– Tah Kapchom ou le père de Kapchom, a presque perdu son vrai nom de Tsoño.

– Tahjouego ou le père de Jouego, ma grand-mère ou arrière-grand-mère, a presque perdu son vrai nom Léléh.

Partons un peu de ce cercle de Meh deh ñoh pour d'autres noms du quartier Djohmghuo.

Vous avez Tah Kambuh ou Tahmbuh ou le père de Kambuh qui n'a pas complètement perdu son vrai nom de Chomnoueh, car pour ceux qui connaissent le mari de Jouego, la fille de Tahjouogo Léléh l'appelle TahKambuh Chomnoueh.

– Tohopfah ou le père de Nohpfah dit Tohopeh Tohopfah a perdu complètement son vrai nom. Ce Tohopeh qui est un autre titre d'éloge signifie Tah Yockpeh ou notre père à nous tous.

– Ταηκυγνεη ου λε π\ρε δε Κυηγνεη ν α πασ περδυ σον ϖραι νομ δε ΔΖΥΔΕ Μ, χαρ χευξ θυε χονναισσεντ λε μαρι δε Μεη δφυιδφεη Χηεμγνεη, λα φιλλε δε Ταηφουεγο Λ⌈λ⌈ λ αππελλε τουφουρσ Ταη Κυγνεη Δζυδεμ. Πευτ–| τρε παρχε σο ν φιλσ Σαηδοη Φοτσο Ταηκυγνεη, διγνιταιρε, σε ρ⌈ϖολταιτ τουφουρσ εν σε δισ αντ φιλσ δε Δζυδεμ αυ λιευ δε Ταηκυγνεη λι⌈ ◊ σον νομ δε Φοτσο.

– Tahdomkam ou père de Domkam, a perdu complètement son nom.

– Tohatuéh ou le père de Notuéh, auquel on a ajouté l'autre surnom d'éloge Tohopeh ou Tahopeh ou notre père à nous tous, a perdu son vrai nom.

– Tamdja ou tahamdja ou le père de Kamdja, a perdu son vrai nom.

– Tahpiaptiéh ou le père de Tiaptiéh, a perdu son vrai nom.

– Nous ne pouvons pas citer tous les noms d'éloges du quartier Djioghuoh. À côté de ces noms basés sur le mot père de, il y a toujours une femme qui porte le nom d'éloge de mère de Mehjouego Kengneh, Mehdjuidje Chemgneh, etc., mais il y a un nom de femme qui peut être la mère de ou un nom de désespoir. Il s'agit de Mehchebuh qui peut être la mère de Chehbuh ou la mère qui puise son eau à la façon du chien. Lorsque le chien va puiser son eau, il n'a que sa langue, pas de calebasse. Il ne boit pas de l'eau comme les autres animaux. Il happe quelques gouttes d'eau avec sa langue. Chemin faisant, comme il a la langue pendante, il laisse les quelques gouttes happées dégouliner par terre. Il revient ainsi à la maison sans eau.

Mehchehbuh est donc une femme qui attrape les grossesses, mais ne garde pas d'enfant, soit parce qu'elle avorte involontairement, soit que les enfants meurent en très bas âge. Nous ne pouvons pas partir de Djiomghuoh sans un autre nom d'éloge spécial.

– Talom youhbouhougneh ou le père de la forge qui entend et fait le sourd. Ceux qui connaissent l'époux de Mah Kapchel, la petite-fille de Mouafo Notioh et Bodié, la fille de Baham, savent que son vrai nom est Kamdem ou Talom Kamdem et non Talom Youehbouhgneh. Ce sont les bruits que fait sa forge.

Quant à ces surnoms des éloges de Tah ou le père de, donnés par cette femme guérisseuse dit Mehdenoh, il s'agissait pour elle de ne plus appeler ses jeunes initiés devenus pères crûment par leurs noms. Elle ne voulait plus interpeller Guèbuh devenu père par son nom, Tsono, par son nom. Elle voulait leur donner du respect en les interpellant respectivement par le nom de leur fils Tuéhbuh et Kapchom auquel elle ajouta Tah ou père de Tah Tuébuh et Tah Kapchom en raccourci Tahapchom.

Cependant, en dépit de l'abondance de surnoms d'éloges qu'on y observe, Djioh mghuo n'est pas le seul quartier de Lang-djoh où l'on rencontre des personnalités portant des surnoms d'éloges et de respect.

La Mah yockpeh en raccourci Mohope est le féminin de Tockpeh ou Tah yockpeh. Elle sert à désigner les reines mères et assimilées. On a le Tamo ou Tah moh qui signifie tah moh nang ou le père de l'espèce humaine ou l'être portant des poils. Chez les Bamoun, ou Pah mang, ce mot est bien spécifié : Moh niohtouh ou l'être avec les poils de la tête ou l'être avec des cheveux. Tahmoh est en effet celui qui rassemble les hommes autour de lui de manière à en faire une famille. Tahmoh dans ce sens est toujours accompagné du vrai nom : Tahmoh.

Demghuoh, Tahmoh Buck séh ; Tahmoh Tahchahgoh, etc.

Dzudieh : celui qui a succédé à son père, son héritier, c'est qu'il n'est plus ce qu'il était, qui représente son père qui était un initié à la cour royale et qui n'a pas le prénom de notabilité : vous avez par exemple : Dzudié Tah Piaptié ou Dzuh Tah Piaptié, Dzuh Tah Tuéh nèh, Dzuh Tah Tuehbuh, Dzuh buh ou Dzuh Buhghuo.

Dzuh Tahkugneh Dzuhdem, Dzuh Tahkugneh a succédé à Dzudem dit Tahkuhgneh ou Dzuhdem le père de Kuhgneh.

Dzuh Tah souh, auquel on a ajouté seh Tahsouhseh parce que domicilié au quartier seh, situé non loin de sim seh ou marché de seh par opposition à Sim lang = sim dzeh mto simseh = sim dzehdzeh.

Bùk = celui qui soutient, qui relève, qui soulève.

Bùkh pouh = celui qui soutient, la main, le bras qui travaille et qui prend la fatigue.

Buch ou buchpouh est un éloge adressé aux hommes, enfants et adultes surtout.

Il est aussi lié à un nom Buck Touhkam, Bùk Tahkam.

Il existe d'autres éloges de Lang-djoh et des royaumes ou foh dom voisins que nous n'avons pas mentionnés ou que nous n'avons pas encore décryptés. Dans nos contrées, les Kamdem reçoivent aussi pour éloge le 'Tah Tomdjap' ou le père des fruits ou graines de légumes. Ce mot a été inventé par les femmes, pour ne pas dire la femme de Hom qui voulait dire que c'est le 'Foh' qui est le père des hommes qui inséminent les champs qu'ils cultivent et dont le siège est le sein de la femme.

Mommteh mâh = c'est l'éloge réservé au Foh ou roi uniquement.

Tchehpôh est l'éloge réservé abusivement aux hommes influents ou menaçants ou tout-puissants, mais aussi par abus de langage.

En effet, Tchehpôh qui signifie qui dépasse les êtres (animés, inanimés, animaux et hommes) n'est réservé qu'à Dieu (Sih) qui les a créés.

Le Lang-djoh ou Yieh Lang-djoh

Le Lang-djoh est un être réceptif, même si très souvent il est réactionnaire, c'est-à-dire qu'il réagit défavorablement à certaines choses qui se font ou se passent autour de lui. Le vrai Yiehdjoh n'est pas de type révolutionnaire. Le révolutionnaire est un « Buohgneh », donc celui qui veut changer l'ordre établi, qui veut mettre les choses sens dessus dessous. Le réactionnaire ou le « Kemtcheh néhé » et celui qui se demande pourquoi l'ordre établi doit être changé ou est changé et qui veut que tout rentre dans l'ordre.

Le Yieh-djoh ou Lang-djoh admire et incorpore ce qui trouve utile et qui ne nuit pas aux bonnes mœurs ou règles établies par sa société, même une invention amusante du royaume voisin l'intéresse et il l'adopte telle quelle ou en y ajoutant quelque chose.

Vous avez par exemple :

L'arachide dit biyèh :

Biyèh est un mot d'origine suoh-suoh, ces mots désignent les royaumes ou groupements ci-après : suoh ou bansoa, moudjou ou bemendjou, moukom ou bameka et mouguem ou bamoungoum.

Biyèh ou beyang, bejang = beh m'yang ou mjang, ce qui veut dire en français, qui accouche ou produit par les tiges ou les branches ; alors que les autres vivres dont les fruits grandissent dans le sol produisent par les racines. Les Lang-djoh ont trouvé cette observation des suoh-suoh pour désigner l'arachide si intéressante qu'ils n'ont fait que déformer un peu la prononciation. S'ils traduisaient ce mot en Lang-djoh, ils diraient : ndseh m'yèh.

Il en est ainsi de beh qui désigne un fruit de chez nous dit vulgairement fruit noir. Ils auraient traduit ce beh en lang-djoh et l'énonceraient ndseh qui veut dire accoucher, pourrir, cuire (accouché, pourri, cuit, ils ont adopté le prénom Téné de ces groupements qui en lang-djoh veut dire Tagne. Mais ils ont escamoté (né) en ne retenant que Té qui précède et accompagne le nom de la personne couronnée. Exemple Tékapta, Tétouhkam, Tésuopguïh, etc., qui signifient Tagne Kapta, Tagne Touhkam, Tagne Suopguïh, etc.

Ces personnes sont dites Tah ngneh lang ou Kamgneh. Il ne s'agit nullement de Tagneh m'yack dit Tékùh ou Tagne pehkùh ou le Tagne des enfants.

Le mot 'Lum' trouvé par un yiehom ou baham pour désigner le cache-sexe que portaient les femmes dans les années 40 dans nos régions et qui était en fait une languette d'étoffe, a été accepté et adopté tel quel par les Lang-djoh. De même Deh Metchum trouvé pour désigner le Mehkoueh dans le groupement Wèh ou Wèh-djoh par un habitant de ce groupement a été accepté et utilisé par les Lang-djoh.

Deh Mehtchum désignant mon oncle Tagne, petit-fils de Tahjouo Lélé, fils de Dzuh Sôhlam dit par raillerie Sôhlambé ou par humour. Il était un membre assez sévère de Kouhguing comme on dit là-bas à Wèh djoh ou Bahouang.

Ketsang, c'est un cours d'eau à la frontière entre Tehfam et Lang-djoh. Il signifie en Tehfam, qui ne descend pas ou qui ne coule pas. Les Land-djoh l'ont adopté ainsi sans l'énoncer en lang-djoh = Tehtsang; les Lang-djoh ont adopté ainsi d'autres noms ou mots = exemples : Yououh baya ou l'igname du Baya Youhouh goueh ou l'igname de Goueh ou Bangou, Guehfeh à Sap ou maïs des Peh sap ou Bafoussam.

Ainsi, certains princes de Lang-djoh à qui le roi n'avait pas voulu accorder le titre de Suop bubúoh s'étaient attribué le titre de Njih des princes Pehmam ou Bamoun. Il s'agit effectivement de mes oncles : Njih Nouayou, Njih Chatué Nono, Njih Talom Lowé, Njih Talom Biépet, Njih Doudou Djuidja et les autres et tous les Lang-djoh leur reconnaissaient ce surnom. N'en parlons pas des mots germains, anglais, français et autres adoptés et prononcés maladroitement. Exemple : Blick pour désigner le mot anglais Bred. Sang-sang pour dire le mot français Sergent, troossi pour énoncer le mot anglais trousers ou culotte, spouh pour désigner spoon en anglais, mehsing pour désigner machine en français, bassekou pour désigner bicycle en anglais et bicyclette en français. Mehtoua pour énoncer motor en anglais et moteur ou véhicule en français, blang pour dire couverture de laine ou de coton ou blanguée pour les plus occidentalisés, de blanket en anglais, pia du mot pear en anglais ou poire en français pour désigner l'avocat, fruit de l'avocatier, bien que les uns l'aient traduit en « Tsem dock » ou safou du Blanc.

D'autres mots comme soap ont coïncidé au mot lang-djoh sock qui signifie qui lave, celui qui lave. De nos jours, certaines personnes qui ne sont pas allées à l'école occidentale se sont formées dans la rue et prononcent volontiers certains mots occidentaux : pain, gâteau, sucre ou chouca, cube, agnus ou oignon, méta ou mètre, kilou ou kilo(gramme) boîte, lita, lettre ou litre, pia = paire, vinaigre, salade, omelette, pomme, fruit ou tubercule, lapin, dindon, oie, côtelette, rognon, collier, filet ou faux filet, tripe, etc., et autres produits de consommation ou de construction comme sing ou zinc, carreaux, béton, fer à béton, ciment, marbre, tulle, ardoise, fenêtre, etc., sont connus de tous les Lang-djoh, grâce à l'école de la rue.

Je crois que cette acceptation résignée de nos jours des langues d'autrui est due à un manque d'imagination qu'au vrai désir d'incorporer dans nos langues les mots ou expressions des langues d'intrus. Pour nos aïeux, ils comprenaient ce que signifiaient les mots empruntés aux langues des voisins, qui n'étaient différentes de la leur que par de petites déclinaisons.

Les mots des Blancs, ils ne l'acceptaient pas aussi facilement et trouvaient d'autres mots ou symboles pour désigner les objets importés de loin. Exemple: kehdé = prends et observe pour désigner la banane américaine.

Kehlouong = prends la pierre pour désigner la banane plantain plus lourde et dure que la banane.

Mlouh dock = le vin du Blanc désignant l'ananas dont la sève ressemblait en goût et en couleur au vin de raphia.

Ntèh ou kiying = signifiaient magasin.

Pouong ou beauté représentait le bracelet ou l'ivoire.

Ndzah décrivait un ensemble des bracelets en ivoires plats qui ornaient le bras du noble ou grand notable au cours des cérémonies de danse de Tsoh spécialement. **Tock tcheh** ou estomac du grillon est un collier ou des perles d'un blanc presque sacré, précieuses et qui ressemblent à vue d'œil à l'estomac du grillon. C'est à cause de cette apparence que nos aïeux ont donné à ces pierres précieuses le nom de Tock tcheh.

Dzeh douop ou étoffe de Douop ou Ndop, est un pagne noble fait de rayures blanches sur fond bleuâtre.

Dzeh souop ou étoffe de Souoh est un pagne noble semblable au dzeh douop mais comportant des motifs décoratifs différents à l'œil du connaisseur. Le dzeh douop était importé de Ndop. Alors que le dzeh souop lui était de Lang-Souoh dans la région du nord-ouest du Cameroun dans le grassfield land.

Le Foh de Lang-djoh, en reconnaissance au Foh de ces deux groupements, honora ses Mounlah ou enfants du village ou précisément de la patrie des noms de couronnement de Foh douop et de Foh souoh ou roi de Douop et de Souoh ou Lang-Souoh.

Pumm ou le cauris = nos aïeux ont donné à cette monnaie ce nom parce qu'elle ressemblait à mpumm-dzúh ou l'aurore ou précisément l'heure ou le moment où le jour s'ébauche à l'horizon.

Nbúhumte ou exécuter sommairement, ébaucher, ne pas mettre du sérieux sur ce qu'on réalise.

Kwéh-bom : se dit généralement du voleur, les Lang-djoh l'ont accepté ainsi sans le traduire en lang-djoh qui serait tem-bom qui veut dire dans les deux cas, celui qui sort et se planque. Sûrement pour observer, épier, pour s'assurer que personne ne le voit. C'est en fait un voleur qui a peur d'être connu, d'être arrêté, d'être interpellé.

Samchoueh : ou celui qui recouvre la bouche d'autrui avant de voler ou de l'enlever. Il s'agit d'un brigand, qui vole avec violence, qui n'a pas peur de voler, qui n'a un peu peur que de la masse.

Mnèh ou traces, indices, indices de présence de passage.

Djap-nèh : du mot à mot, mettre les indices, les traces, les traces de présence. Placer le guet dans le sens propre, se poster pour épier, pour chercher les indices de présence, observer l'ennemi, ses manœuvres et ses moyens (d'action et matériels). En fait, c'est faire le guet, c'est le guetteur. C'est aussi l'espion que les Lang-djoh nomment djouong.

Mais djap-nèh c'est épier, c'est filer, c'est guetter aux fins de renseigner l'exécutant d'une mission impérative.

Enfin, djap-nèh c'est djap djum mnèh ou suivre les traces.

Mnèhéh : cuits ou cuites (ce que l'on a fait cuire).

Mnèhèh : c'est l'huile de palmiste obtenue en grillant les amandes dans une poterie ou un vase.

Néhèteh : aller rendre une visite de secours, de réconfort à une personne éprouvée, soit par une catastrophe, soit par une maladie ou le décès d'un membre de sa famille.

Nèhéteh ghoh : aller rencontrer un malade.

Néhèteh ntum : aller au réconfort d'un accidenté.

Nèhéteh vùh : aller réconforter une personne éprouvée par un décès.

Néhèteh ntéhé : aller réconforter une personne victime d'un incendie, etc.

Nòh : chasser, poursuivre, renvoyer, pourchasser, aller au secours d'une personne en difficulté.

Nohôteh : nôh mguheu, ou suivre sans délai, suivre à la hâte une personne pour l'arrêter ou lui porter secours ou indiquer la conduite à tenir sans laquelle elle peut être en danger ou peut commettre une bévue ou un mal.

Nôhôgneh : se bousculer, se hâter dans une foule confuse.

Nôhôh : être fermé hermétiquement en parlant d'une place publique remplie de personnes où on ne peut plus trouver un espace libre.

Nôhôh : se fermer hermétiquement en parlant de la voix, de la bouche.

Choueh é nnôh : il ne peut plus parler ; il est incapable de prononcer la moindre parole.

Nnôhôhteh : manger goulûment comme un porc, sans respect, sans temps d'arrêt entre les bouchées, sans intervalles.

Ñòhòh : enfoncer avec force, introduire avec une forte poussée des muscles.

= tremper dans un liquide, dans un vase, dans un sol labouré ou très mou.

Le mot aspirer en lang-djoh.

Fotôhôpteh : c'est d'abord l'onomatopée, le bruit que fait un liquide qu'on aspire avec la bouche, qu'on aspire avec un tuyau ou de l'eau qui disparaît en force dans un trou.

C'est absorber un liquide en l'aspirant au lieu de la boire par gorgées. C'est le cas des liquides gluants et presque élastiques. Le pfúh par exemple.

Fiehe : c'est aspirer par les narines. C'est aussi chercher l'odeur d'une chose, d'une substance. C'est également rejeter une substance par la narine. Exemple : fiehe mtseh ou se moucher.

Fiehe djueh = sentir l'odeur, chercher l'odeur.

Fiehe houeh = aspirer un médicament.

Pfueh nkang = étymologiquement en langue lang-djoh, celui qui détruit la barrière, instrument qui permet de détruire la barrière, le voile, qui empêchait de voir.

Nkang : c'est le voile, la couverture, la barrière.

C'est celui qui empêche de voir, qui couvre, qui fait obstacle à la vue.

Pfueh kang est en effet l'arbuste de la paix. Sa présence dans une cérémonie indique que son porteur veut la paix, la réconciliation. Il a été utilisé pour la première fois pour remplacer la barrière, la clôture de la haine qui empêchait deux personnes ou deux peuples de se rendre visite.

Pfueh nkang pôh = destructeur de la clôture, de la barrière, du voile de la haine.

Pfueh = détruire en coupant les liens, les lianes qui ont servi à édifier une architecture, une œuvre.

Dehbah : c'est le tabac. Ce mot a été adopté par les Lang-djoh qui n'ont pas cherché à le remplacer par un mot lang-djoh, qui pouvait être le mot téhé teh.

Deh bâh : c'est le mot français tabac, le mot anglais tobacco. L'Anglais qui transforma ainsi le mot Tobago qui est un pays de l'Amérique du Sud (Trinité et Tobago) où il avait trouvé la plante à fumer et qu'il l'avait rapportée en Angleterre en l'appelant tobacco, trouva les Indiens qui fumaient cette plante. Après l'avoir goûtée, il le ramena chez lui et en vendit aux nobles d'abord, puis, par imitation, elle a gagné l'Europe et ensuite l'Afrique. Lorsque Walter la fume pour la première fois chez lui en Angleterre. Son serviteur voyant la fumée sortir de sa bouche et de ses narines crut qu'il était en train de se consumer et l'arrosa d'un seau d'eau.

Ndieh : ndih, tsuh ndih = la maison, le logis, l'habitation, l'habitat.

Ndih ndieh ou ndïh ndïh = dormir où on dort, dormir à la maison, au logis, dans l'habitation, dans le dortoir.

Nkôhoh ndieh = nkohoh ntsuk ndïh = entrer au dortoir, à la maison d'habitation, au logis.

Nkóhóh ndieh = nkóhóh ndïh = le lit où on dort = celui qui permet d'entrer dans le dortoir, dans le logis, dans une maison d'habitation. Si tu n'as pas de lit, tu ne peux pas dormir ou bien dormir.

Ndom = nnéh, ramper, croître.

C'est lorsqu'on entre dans un logis avec un lit qu'on sait qu'on y entre pour dormir. C'est l'instrument qui aide à dormir. C'est l'instrument de sommeil.

Ndom nchang = nnéh nchang = ndom youeh moh nchang à.

Ndom ndieh = nnéh ndïh, ndom ntsûk dïh = se marier officiellement et faire l'amour dans un lieu où l'on dort, croître, prospérer dans la maisonnée, famille.

Ndah = tsuk e pouh ndah nneh aha, le lieu où l'on fait cuire, où l'on s'accouple, où l'on fait croître la famille, la maisonnée.

Ndah ndieh = faire cuire là où l'on dort, faire l'amour à la maison, ou logis, où l'on dort.

NB : vous voyez qu'on ne dit pas : ndah-ndah, mais ndah dieh ou ndah-ndïh.

Moh ou pohoh npieh wap wouoh ndah nkah wouoh ngueh

Nghoh = ceux qui font l'amour dans la brousse papillonnent, c'est-à-dire qu'ils font comme des aliénés, ils sont instables. Ils doivent être châtiés.

Éh ngheh nghoh = il a fait comme le papillon. C'est-à-dire qu'il a commis l'adultère ou la fornication.

Éh-kah lom dieh ou ndïh : il n'a pas fait l'amour au lieu où il dort et officiellement.

Ndom chang = ndah nekang = faire cuire de la nourriture ou ce qu'on a cherché.

Ndah nekang = ici faire cuire dans un pot en argile et au cou effilé.

Ndom ndieh, ndah ndieh ndzeh, mbeh

Ndom chang, ndah nekang a ntseh ou pehe

Dans les deux cas, on fait cuire pour que ça se désagrège. Lorsque l'homme croise une femme, le but premier est que la femme se désagrège et donne deux personnes distinctes, elle et l'enfant issu du coït.

On fait cuire de la nourriture pour qu'elle se ramollisse et se décompose pour donner plusieurs éléments propres à l'édification des cellules humaines et des végétaux. Tout ce qu'on cuit devrait nécessairement se décomposer pour donner d'autres éléments ou cellules.

Dzehtel = pourrir par endroits, et presque superficiellement.

Ndzeh, mbeh = veut aussi dire pourrir, se ramollir.

Le nom mbeh qui chez nous est un fruit à noyau ou amande presque ovoïde à arêtes à l'intérieur duquel l'on découvre une moelle comestible et qu'on nomme en français communément fruit noir doit son nom à la facile décomposition de sa pulpe sous les rayons du soleil ou dans de la poussière chauffée au soleil ou de l'eau presque tiède.

Dans certaines de nos langues, **mbeh** désigne deux fruits. Le fruit noir appelé **mbeh guïguih** et la prune ou safou appelée **mbeh**. Parce que sa pulpe elle aussi se décompose ou se ramollit facilement sous la chaleur des rayons solaires ou la cendre chaude, nos ancêtres lui ont donné ce nom de mbeh c'est-à-dire qui se décompose pour donner des éléments nutritifs.

Guïguïh ou yiyih = veut dire plus fins, plus petits que les autres, de petite taille.

Biyéh, beyang, bedjang : qui désigne l'arachide veut dire qui se décompose et donne d'autres éléments sur ces branches et non **beh mñang ou mgang** qui veut dire qui se décompose et donne d'autres éléments par les racines.

Vous avez constaté que les gousses d'arachide naissent sur les branches avant de s'enfoncer dans le sol au bout de leur pédoncule dont une partie reste en surface.

Les autres fruits ou noyaux mis en terre se décomposent, donnent d'autres fruits sur les racines souterraines ou sur les branches et ces fruits grandissent en plein air.

Les Lang-djoh auraient traduit ce mot beyang ou bedjang en **ndzeh m'yéh**, mais ils l'ont seulement déformé en **biyéh**.

Beh-nnéh = tsuk é pouh dzeh nnèh neh a, c'est là où le champ cultivé est né.

Beh-nneh : c'est le sillon entre deux buttes labourées; c'est là d'où la terre et les éléments qui forment deux buttes adjacentes sont issus. Ce talveg s'est décomposé pour donner en partie deux buttes, c'est lui qui a accouché de deux buttes = **nnéh gouong puoh**.

Mbeh = annoncer, donner les signes annonciateurs d'un malheur, surtout un décès, un fait dont la survenue semble accoucher de la mort, la décomposition d'une personne pour l'effacer du monde des vivants. Le mot qui dérive de **mbeh,** ici est pehpeh. **Pehpeh vúhu** est donc un signe, un fait annonciateur de la mort. C'est comme si ce fait naît avec la mort, le décès. Pehpeh vúhú est le nom dérivé du verbe mbeh.

Mbehteh : annoncer légèrement la survenue d'un fait, d'un évènement, une danse par exemple: on va jouer au balafon, au tam-tam, tambour d'appel légèrement, avant le moment réel du début de la danse.

On dit aussi **chopteh** = forger à petits coups, marteler comme des petits coups qui écrasent le fer sur l'enclume.

Nchop : forger, frapper à petits coups pour rendre tranchant, **chop mouhmieh** = forger un couteau.

Nchop nlang = frapper à petits coups avec une petite pierre, la grande à écraser le mil, le maïs, l'arachide, le haricot dit nyébé, etc., pour la rendre plus tranchante.

Chôp = malédiction causée par les paroles médisantes d'une personne fâchée par le mal que les siens lui ont fait, ou de leur désobéissance à son égard. Il consiste à médire en versant de l'eau ou en frappant sur les braises ardentes du foyer.

On le découvre en creusant le sol et en découvrant un sous-sol caverneux comme celui d'une termitière et au fond duquel on retrouve une terre noire, l'humus.

Il doit s'agir effectivement d'un corps animal ou végétal qui, en pourrissant, a laissé un vide dans le sol.

Nchôphôp = empoissonner, interdire l'accès par un fétiche.

Mtchôp = le poison.

Ntchôp = ensemble de brindilles et d'herbes brûlées, recouvertes de terre pour empêcher leur cendre de s'envoler sous l'effet du vent et qui consiste à rendre plus fertile la butte cultivée.

Ntchôp = c'est une pioche droite à lame très aplatie servant à creuser et à sectionner les racines et autres bulbes souterrains ou superficiels.

Ndzehteh = pourrir de part en part, par endroits et superficiellement.

Nteh é tsehteh = il a le cuir chevelu recouvert de la gale, de la teigne.

Nzdzehteh : c'est accoucher çà et là, en désordre en parlant des humains et des animaux (péjoratif).

Ndzeheteh = enfoncer complètement, introduire jusqu'au bout.

C'est aussi suivre sans tarder, quelqu'un, ou une action entreprise.

C'est aussi écraser pour une seconde fois, un mets déjà écrasé pour rendre la farine, la poudre ou la pâte très fine.

Ndzehgneh = poli par l'usage (une piste, une entrée, un instrument).

Ndzeheh = amer, goût amer synonyme de ndzeheteh, suivre, poursuivre, avoir le suivi.

Nzeh = amertume, goût amer.

Ndzehgneh = consulter les uns les autres, se consulter les uns les autres. S'entendre au sujet d'une action à prendre. Ne pas imposer aux autres.

Tsehgneh = c'est l'entente, la consultation des uns les autres (au sein d'une société, d'une famille, d'une organisation, d'une entreprise, etc.).

Tetôh = tsûh yé pouh ntetôh neh leh = lieu destiné à se divertir gaiement, en dansant et en chantant ou en racontant des histoires égayantes.

= cour de récréation plus petite que le yôh.

Yôh = tsûh yié pouh ndjoh neh a.

Cour où l'on va voir, admirer les cérémonies de danse, de parade, de funérailles ou d'autres rassemblements, des palabres.

Mouh yôh = yôh de petite dimension, pour les mêmes évènements.

Tetôh choueh dieh = tetôh yié a beh choueh didieh = cour de récréation située directement devant la porte de la maison, la cour d'une case, d'une maison d'habitation.

Sim = pohôh youh pouh kah ntsahteh a ntum youeh é pouh tchouh a. = particule non écrasée dans un aliment ou autre qu'on a pilé ou moulu.

Msim = pohôh mbohoh teh tsaheteh tum youeh é pouh tchouh a, pouh wouoh a = particules non écrasées dans un aliment qu'on a moulu ou pilé.

Sim = tsûh é pouh nsimte neh a.

= place du marché. Le marché, le commerce.

Ntèh sim = faire le marché, pratiquer le commerce, marchander, discuter le prix d'une marchandise, collecter des petits sous, ou de petits objets en vendant ou en achetant.

Sim = yôh foh tsuh é foh pouh a pohoh pié simteh neh cheh msem, nang tsoh a

= cour de danse royale située aux sorties de la cour royale où s'exécutent les danses et les parades royales, par le roi, foh, avec son peuple et ses amis. Ainsi, les palabres populaires du royaume, gouong et les cérémonies funéraires de la cour royale.

Sim kèh = yôh mouh a mbôh = tsûh é mouh a mboh ntéhé nkéh tsieh neh a

= mouh a mbôh peh tchoueh pâh foh ntow a

= place située à la sortie de la concession où le mouh a mboh ayant le statut de roi soumis fait la danse inaugurale de nké, danse initiatique.

Sim nkéh ding bem = place du royaume « gouong » où l'on commence cette danse initiatique avant que les « wahôh » ou précisément les « pôh a mbôh » en prennent le relais.

Sim lang dit sim dzeh mtôh = c'est la grande place du marché où s'exécutent les grandes danses royales et cérémonies publiques.

C'est foh a ndúbúh qui a nommé cette place **sim lang**, parce qu'appartenant à **ñôh tchoueh gom** le prince de Lang-sap.

Sim douong = yôh foh, tsûh é pouh nang douang neh leh

= cour moyenne précédant la grande place du marché, **sim lang** où se pratique la danse des flûtes.

Sim seh ou Sim dzedze = sim a nseh qui revenait à foh a ndûh bûh et le peuple seh. Devenu par la suite la place, le marché de Lang-djoh.

Vous avez à côté, vers Baham, à Tehcha, la place sacrée de **Toh pôhôh nseh** trois cents mètres environ de Sim seh.

Nsimteh = s'éparpiller.

Nsihim = deh youeh tchang neh gueh msim

= détruire, dépenser sans vergogne, sans réserve.

Nsihimgneh = tchûh pah sim a

= devenir minuscule comme une petite particule.

Chang = youeh tsuh beh pouh néh = le repas, la nourriture cuite

= la marmite en poterie d'argile cuite, au long goulot.

Chang nwah = chang neh ntúh nwah, chang tsiéh é nwah ntumoha à = la ruche, la ruche pleine d'abeilles.

Kuoh nwah = (mback nwah) pack nwah = rayon de miel. Rayons.

Nkoh fam = alvéoles remplies de faux miel, alvéoles remplies d'une matière jaune coagulée.

Nchang = beh pouh nkah nghah = adjectif = entier, non partagé, non éclaté, non émietté, uni.

Nchang = neh fahâh youeh, neh nchang youeh

= le travail, l'effort pour chercher à acquérir.

Nchang noueh = nkouong neh nghe mnoueh tchouopoung,

= chercher à faire du mal, à être là où l'on ne devrait pas être.

Nchang youeh = nfâhah youeh a goh kuiteh a, youeh ô goh tsuh a= l'effort pour l'acquisition honnête des biens.

Lâh peh nchang = pouh peh teh nghah lâh, lâh kouongneh lâh peh kouongneh

Moh leh jeh bang = beh moh teh goh jeh moh yié beh nbang à peh

= si le village, la communauté, est uni, on ne peut pas remarquer, reconnaître le pauvre, le malheureux.

Ndzah gueh nchang = ndzah pahâh youeh é pouhkah nghapteh, pouh kah yahâteh a, pouh kah sohâteh a

= peser comme un bloc, comme un objet non dépiécé, non morcelé, non disloqué, non émietté, non amoindri, non diminué.

Ndom chang = faire cuire ce qu'on a cherché.

Nnèh chang = faire cuire le fruit de son travail, de ses efforts.

Ndah nekang = les Suoh-Suoh, ici, ont adopté le chang et l'ont adapté.

Ndah youeh tsúh = sans comprendre sa qualification première ou signification première. Sinon, ils auraient changé chang en nekang; ils l'auraient conservé comme telle, chez eux aussi, la recherche. L'effort au travail c'est « chang » et non nekang qui tire vers le mot « nekang » qui est la sorcellerie ou la magie.

Ndàh ndieh = c'est aussi ramper, progresser, prospérer, croître dans le domicile, la maison, grossir la famille dans le dortoir, le logis, si l'on le fait hors de la maison, du domicile avant mariage on papillonne = (ngueh ngoh).

Autres mots

Guehfah = en lang-djoh, moh yié a beh é glueh fah a = celui qui a la plume comme l'oiseau, c'est le maïs, l'épi avec son enveloppe.

Gueh sang = en suoh-suoh : moh yié ngheh sang a = celui qui a la queue touffue, comme l'écureuil, le cheval, etc.

C'est l'épi de maïs avec sa barbe.

Le mot a donné son nom au maïs en graines ou maïs écrasé ou moulu, au couscous de maïs que les Lang-djoh ont adopté ainsi que d'autres groupements voisins. Bien que le mot guefah de lang-djoh soit resté pour désigner le maïs en épi, le mot msang ou msèh est resté pour désigner le maïs en graines ou en farine et couscous.

Seuls les Bangangté et voisins désignent le couscous de maïs « pôhôh » qui désigne chez les Lang-djoh, le taro pilé.

Chez les Bangangté, le pôhôh est en même temps le taro pilé et le couscous de maïs. Ils ajoutent au couscous le mot « kouh ». Ainsi pôhôh kouoh désigne le couscous. Le taro reçoit le qualificatif de « pôhôh sock tchen » ou la sauce d'huile de palme assaisonnée de petits fruits appelés sock.

Le mot pôhôh provient du fait que le couscous de maïs ou le taro est toujours recouvert de feuilles de bananiers.

Pôhôh c'est donc ce qui est recouvert, une chose ou une personne sur laquelle on a mis un couvert, une couverture.

Pôhteh = malédiction populaire ou familiale.

Bôh = courber, recourir.

Bôhôhteh = courber çà et là, maudire quelqu'un qu'on suspecte d'un mal, c'est aussi tenter, calmer la malédiction en faisant des offrandes symboliques sur la tombe des morts ou les lieux sacrés en attendant les offrandes en grandeur nature.

Keh ñah = zieh pouh kah nah tah kwéh a = ce qu'on ne cuit pas, ce qu'on mange cru, c'est le biyang, c'est l'arachide, qui se mange cru, c'est aussi une danse qui, chez les Bamoun, est dite dah jĭh ou les pleurs du prince. Il semble que cette danse a été organisée chez les Bangangté et assimilés pour fêter l'arachide, le keh nâh.

LES PRONOMS

Je = gheh.
Tu = oho.
Il, elle = éhe.
Il, elle (chose) ah.
Nous, moi et toi = pouhou.
Sans toi = piehe.
Toi, vous compris = peheh.
Vous = póhóh (toi et lui, vous et eux).
Ils, elles = wap.

Moi = mieh.
Toi = woueh.
Lui, elle = yûh.
Nous wouok (moi et lui, nous sans vous).
Wouok piehé (lui ou elle et moi).
Wouok peh (vous et nous, toi et nous).
Wouoh pieh a pouh (eux et moi, eux et nous).
Vous wouoh (vous deux, trois, etc., sans eux).
Wouoh póhé = (toi et lui, elle et toi).
Wouoh póh a pouh (vous et eux, eux et toi).
Ils, elles = wap.

Me = aha.
te = oho.
Il, elle = éhé.
Nous = wouok peh (nous ensemble, moi et vous).
Wouok peh à pouh (eux et nous, eux et nous).
Wouok pouh (te et me ou toi et moi).

Vous wouoh (vous tous, toi et lui).
Wouoh pôhé (toi et lui ou toi et elle).
Wouoh pouoh à pouh (vous et eux ou elles).

Ils, elles wap = (eux, elles, lui et lui, lui et elle.
Elle et elle, elles et elles, elles et eux).

– Possessifs

Le mien, la mienne = yah.
A moi les miens, miennes = mmeh ou mmah.

A toi le tien, tienne = youhou.
Les tiens, tiennes = mmouh.

A lui, elle, le sien, la sienne = yieh.
Les siens, les siennes = mmieh.

A nous, le nôtre = yok (à nous, sans toi, sans vous).
Yok peh (à nous, vous et nous, toi et nous).
Yok pouh (à toi et à moi ensemble).
Yok peh a pouh (à lui et à nous).
Yok pieh é (à lui et à moi).
Yok peh a pouh (à lui et à nous, à eux et à nous ensemble).

Vous yôh = à vous.
Le vôtre yoh pôh é (à lui et à toi).
Yoh pôh a pouh (à vous et à lui, à vous et à eux ou elles ensemble).

A eux, elles; le leur, la leur, = yap.
Les leurs = mmap.

– démonstratifs

Celle-ci, celui-ci.
Ceci = yang, cela = yieh.
Ceux-xi = mmoho ou pôhoh.
Celles-ci = mmoho pour les objets, pôhôh pour les personnes et animaux ou tsôh pour les animaux et objets.
Ceux-là - peheh (pour les hommes et animaux peu éloignés de celui à qui on indique).
- Pieh (pour les hommes et animaux éloignés de celui à qui on montre.
- Tsieh (objets et animaux éloignés de celui à qui on indique).

Ceux ou celles-ci tsoh gheh (en précisant du doigt les animaux ou objets indiqués).
- mohoh gheh (en montrant du doigt les objets près de soi).

Ceux ou celles-là - tsieh gheh (en pointant du doigt les objets et animaux).
- Mieh gheh (en pointant du doigt les objets concernés).

Les adjectifs possessifs
Ils s'expriment de deux façons

Mon, ma ah et yàh.
1 ah = mon. Exemple : mon coq = nkóh ah.
2 yah = à moi, m'appartient. Exemple : nkôh yah, éh yah = le coq est à moi, il m'appartient.

Mes : Ils s'expriment de trois façons : mmah, pâh, tsah selon le genre ou la matière.
Pour lcs pcrsonncs, on cmploic pah ou pch.
Exemple : mes épouses, mes enfants : peh djuih peh, pôhoh peh.

POUR LES PARTIES DU CORPS DOUBLES OU MULTIPLES

On utilise mmeh.
Exemple : = mbouh mmeh = mes bras, mes mains.
Mtehe mbouh mmeh = mes doigts de main.
Mtseh mmeh = mes narines ou mon nez.
Mnieh mmeh = mes yeux ; bèh tseh ah = mon œil.
Mtang mmeh = mes oreilles ; tang ah = mon oreille.
Buoh mmeh = mes seins; puoh tsah = mon sein.
Nzoh mmeh = mes testicules ; tsoh tsah = mon testicule.
Msuong mmeh = mes dents ; suong tsah = ma dent.
Mtôhkouoh mmeh = mes plantes des pieds.
Tohkouoh ah = ma plante de pied.
Mtouong bouh mmeh = mes paumes de mains.
Touong pouh ah = ma paume de main.
Nkahâteh ah = mon dos ; touong nkahâteh ah = ma colonne vertébrale ou le sillon vertébral.
Vam tsah = mon ventre. Dem vam ah = la surface de mon ventre.

Pour les animaux « mes » s'exprime en pàh ou tsah selon les espèces.

On dira dzeh tsah = mes chèvres ; dzeh ah = ma chèvre.
Ndjuh tsah = mes moutons ; djuh ah = mon mouton.
Mgueh nom peh = mes porcs ; gueh nomm ah = mon porc.
Nnàh peh = mes bœufs ; nnâh ah = mon bœuf.
Mléying peh = mes cheveaux ; léying ah = mon cheval.

Attention : mlying mmeh = mes tabourets en bambou.

Ngop tseh = mes poules ; gop ah = ma poule.
Pôh gop peh = mes poussins ; mouh gop ah = mon poussin.
Tom gop ah = mon poulet ; mtomgop peh = mes poulets.
Le poulet se situe entre le poussin et la poule adulte.

Ton, ta = oh exemple : ta bouche = choueh oh ; mtseh mouh = tes narines, ton nez dit exactement « kouote msteh oh ».
« Tsouh » au singulier comme au pluriel dans certains cas ; exemple : vam tsouh = ton ventre dans ce cas semble indiquer tout le contenu de ton ventre. Le ventre exprimé au singulier se dit « dem vam oh » ou la surface de ton ventre.
Souong tsouh = ta dent. Bèh tseh oh = ton œil. Tang oh = ton oreille. Ntehe koueh oh = ton orteil. KwÉh oh = ton os.
Djuh oh = ton mouton, ta brebis.
Dzeh oh = ta chèvre ou ton habit.
Nnâh oh = ton bœuf, ta vache.
Liying oh = ton cheval ou ton tabouret en bambou.
Gueh feh oh = ton maïs ou étymologiquement « ton celui qui a la plume ».
Kehdéh oh = ta banane ou « tiens et regarde ou prends et admire ».
Biyèh oh = ton arachide, tes arachides.

Nota bene : les objets en graines ou farine s'expriment au singulier en bamiléké.

Exemple : gueh fah = le maïs peut indiquer tout un sac de maïs, un champ ou des kilomètres carrés de champ de maïs, comme une graine.
Pour les spécifier, on fait précéder, guehfeh, biyèh, nteh tsem, tsem dock etc… d'autres mots.
Exemple : tom gueh feh = grain de maïs ; douong biyèh = grain d'arachide. Puohguehfeh = sac de maïs ; péhéh guefeh = champ de maïs.

Tom tsehe = une noix de kola ; kohôh tseh = une corbeille de kola, metoua tsehe = un camion de kola.
Pouh biyèh = une poignée d'arachides.
Gouong biyèh = une butte d'arachides.
Ngum biyèh = un carré d'arachides.
Péhéh biyèh = un champ d'arachides.
Tes = mouh, tsouh, pouh, suivant les noms. Exemple : bouh mouhouh = tes mains, tes bras.
Mtang mouh = tes oreilles ; mmieh mouhouh = tes yeux. Mteh mouh = ta barbe.
Tseh tsouh = tes affaires, tes choses, tes objets, ta kola.
Tsem tsouh = ta prune, tes safous.
Tsem dock tsouh = avocat, tes avocats.
Pohoh pouh = tes enfants.
Pohoh à bèh pouh = tes garçons.
Pohoh a djuih pouh = tes filles.
Tsem dock veut dire le safou du Blanc, initialement safou du docker.
Ndzoh mouh = tes testicules, se dit souvent vulgairement tes couilles.

Son sa = éhé ; exemple = pouh éhé = sa main, son bras ; koueh éhé = sa jambe, son pied.
Teh éhé = sa tête.
Nkahâte éhé = son dos.
Tsieh : exemple vam tsieh tsying tsiéhé = son ventre, sa hanche.
Souong tsieh = sa dent.

Ses mieh, exemple : msouong mieh, mtzeh mieh = ses dents, ses narines.
Tsieh exemple ndzeh tsieh = ses habits.
Ndzeh mieh = ses colas, ses kolatiers.
Ndzûh mieh = ses repas préférés.

Yok = notre exemple ; pâh yok = notre maison, notre case.
Notre Ndie yok = notre domicile, notre logis, notre maison, notre famille.
Touong ndieh yok = notre famille, le noyau de notre famille.

Yok peh = à nous tous.
Pâh yok peh = notre maison à nous tous.
Yok pouh = à toi et moi.
Pâh yok pouh = notre logis, notre maison.

Mtchoueh mok pouh = nos habitudes, toi et moi, de vivre, notre manière de vivre.

Yok peh à pouh = à nous et à lui, à nous et à eux.
Péhé yok peh a pouh = notre concession.
Notre domaine, notre champ, notre plantation.
Yok pieh éh = à lui et moi : lomdieh yok pieh = notre mariage.

Nos mok peh ; exemple mbâh mok peh = nos maisons, nos cases.
Mok pieh = à lui et à moi : mbâh mok pieh = nos cases, nos maisons, nos édifices.
Mok pouh = à toi et à moi ; mbâh mok pouh = nos maisons, nos cases.
Mok peh a pouh = à nous et lui, à eux et nous.
Mkôh mok peh à pouh = nos us et coutumes, nos traditions.

Votre yôh = à vous : exemple : bem yôh = votre créateur, votre sort, votre ange gardien.
Yôh poh éhé = à lui et à toi ; dieh yoh poh éhé = votre domicile, maison, case, votre famille, votre maisonnée.
À lui et à vous, à eux et à vous.

Vos moh = à vous ; mdieh moh = vos domiciles, vos foyers, vos maisonnées.
Moh poh éhé = à lui et à toi ; mtchoueh moh.
Pôh éhé = vos deux manières de vivre, vos habitudes à deux.
Moh pouh a pouh = à lui et à vous; à eux et à vous.
Ngueh moh pouh a pouh = vos manières de faire, d'agir, de vous comporter.

Leur tsap = à eux ; lâh tsap = leur village, concession, domicile.
Tsem tsap = leur safoutier, prunier.
Yap = à eux youeh yap = leur chose.
Dzeh yap = leur vêtement, tissu, leur chèvre.

III-
Moûh mah péhé = son frère, sa sœur.
Pôhôh mmuoh pieh = ses frères, ses sœurs.

1ère moûh mâh yok pouh = notre frère, notre sœur (à toi et moi).
Moûh mah yok peh = notre frère, notre sœur à nous, lui et nous, eux.

Du pluriel et nous.
Pôhôh mmuoh pok pouh = nos frères, nos sœurs à nous deux.
Pôhôh mmuoh pok peh = nos frères, nos sœurs à nous tous, eux et nous.
Pôhôh mmuoh pok peh a pouh = nos frères, nos sœurs à eux et nous.

Pôhôh mmuoh pok = nos frères, nos sœurs à nous sans vous, sans eux.
Pôhôh mmuoh pok pieh a pouh = nos frères, nos sœurs à nous et à lui, à nous et à eux.

3ème moûh mah yap = leur frère, leur sœur.
Personne moûh mah yap pouh é = leur frère à eux deux.
Du moûh mah yap pouh a pouh = leur frère, leur frère à eux et lui, à eux et aux autres.

Pôhôh mmuoh pap = leurs frères à eux deux, à eux tous.
Pôhôh mmuoh pap pouh éhé = leurs frères, leurs sœurs à eux deux.
Pôhôh mmuoh pap pouh a pouh = leurs frères, leurs sœurs à eux et aux autres.

2ème moûh mah yoh = votre frère, votre sœur.
Personne moûh mah yoh poh éhé = votre frère, votre sœur à vous deux.
Du pôhôh mmuoh pôh poh éhé = vos frères, sœurs à vous deux.
Pluriel moûh mah yoh pouh a pouh = votre frère, sœur à lui et à vous, à vous et à eux.

NB : si l'on veut dire tous mes, tous tes, tous ses, tous nos, tous vos, tous leurs, on ajoute aux pluriels ci-dessus les mots : « Ah wéh » ; exemple :
Pôhôh mmuoh peh ah wèh, = tous mes frères et sœurs.
Les rangs par ordre de naissance.
Pour indiquer le rang par ordre de naissance, deux mots émergent :
Téhé seh et nchah.

Tehe sseh : c'est celui qui a ouvert la voie d'accouchement à une femme ou d'engendrement à un homme et à une femme.
Chah = c'est celui ou celle qui a clôturé l'accouchement à une femme, l'engendrement à un homme, à une femme.
On a donc tehe sseh mouh = le premier enfant.
Chah mouh = le dernier enfant d'un homme ou d'une femme ;
On peut dire aussi mouh chah.

Chehe ndzeh ah = mon aîné ou mon frère aîné, ma sœur aînée quel que soit le rang qu'il occupe devant moi.
Nchûhut djum ah = mon cadet, ma cadette, quel que soit le rang qu'il occupe derrière moi.

Mchehe ndzeh peh a = mes aînés, mes frères, mes sœurs aînés.
Mchûhûk djum peh = mes cadets, mes frères, mes sœurs cadets.
Chehe ndzeh oh = ton aîné, ton frère, ta sœur, aîné, aînée.
Mchehe ndzeh pouh = tes aînés, tes frères, tes sœurs aînés.
Chûhûk djum oh = ton cadet, ton frère, ta sœur, aîné, aînée.
Mahûhûk djum pouh = tes cadets, tes frères cadets, tes sœurs cadettes.
Chehe ndzeh éhé = son aîné, son frère aîné, sa sœur aînée.
Mtchehe ndzeh pi éhé = ses aînés, ses frères aînés, ses sœurs aînées.
Chûhûk djum éhé = son cadet, son frère cadet, sa sœur cadette.
Mtchûhûk djum piéhé = ses cadets, ses frères cadets, ses sœurs cadettes.
Chehe ndzeh yok = notre aîné, notre frère aîné, notre sœur aînée.
Chehe ndzeh yok pouh = notre aîné, aînée, notre frère aîné, sœur aînée à nous deux.
Chehe ndzeh yok piéhé = notre aîné, aînée, frère, sœur aînés à lui et moi.
Chehe ndzeh yok peh = notre aîné, aînée, frère, sœur à nous tous.
Chehe ndzeh yok peh a pouh = notre aîné, aînée, frère, sœur aînée, à lui à eux et à nous.

Mtchehe ndzeh pok peh = nos aînés, aînées, nos frères, sœurs à nous tous.
Mtchehe ndzeh pok pouh = nos aînés, aînées, nos frères, nos sœurs à nous deux, toi et nous.
Mtchehe ndzeh pok pi éhé = nos aînés, aînées, nos frères, sœurs à lui et moi.
Mtchehe ndzeh mok peh a pouh = nos aînés, aînées, nos frères, sœurs à eux et à nous.
Mtchehe ndzeh mok pieh a pouh = nos aînés, aînées, nos frères, sœurs à nous et à lui, à eux et nous sans vous.
Chûhûk djum yoh = votre cadet, votre frère, sœur, cadet, cadette à vous.
Chûhûk djum yoh poh éhé = votre cadet, frère cadet, sœur cadette à lui et à toi.
Chûhûk djum yoh pouh a pouh = votre cadet, cadette, frère, sœur, cadet, cadette, à lui et à vous, à eux et à toi, à eux et à vous.
Mtchûhûh djum pôh poh éhé = vos cadets, cadettes à vous deux, lui et toi.

Mtchûhûh djum pôh = vos cadets, cadettes à vous tous ou à vous deux.
Mtchûhûh djum pôh pouh a pouh = vos cadets, cadettes, petits frères, petites sœurs à vous, eux et toi, eux et vous.
Chehe ndzeh yoh = votre aîné, aînée, grand frère, grande sœur.
Chehe ndzeh yoh poh éhé = votre aîné, aînée, à lui et à toi, grand frère, grande sœur.
Chehe ndzeh yoh poh éhé = votre aîné, aînée, à lui et à toi, grand frère, grande sœur.
Chehe ndzeh yoh awèh = votre aîné, aînée à tous donc le tehe sseh tahyoh = le premier enfant de votre père.

Tehe sseh mah yoh = le premier enfant de votre mère.
Mtchehe ndzeh pôh = vos aînés, aînées, frères aînés, sœurs aînées.
Mtchehe ndzeh poh éhé = vos aînés, aînées, frères aînés, sœurs aînées à vous deux, lui et toi.

Mtchehe ndzeh pouh à pouh = vos aînés, aînées, frères ou sœurs aînés, aînées à vous eux et toi, à eux et vous.
Mtchehe ndzeh pôh ah wèh = vos aînés, aînées, frères aînés, sœurs aînées à vous tous. Tous vos aînés, aînées.

Chehe ndzeh yap = leur aîné, aînée, leur grand frère, leur grande sœur.
Chehe ndzeh yap pouh éhé = leur aîné, aînée, frère aîné, sœur aînée à eux deux.
Chehe ndzeh yap pouh a pouh = leur aîné, aînée, frère aîné, sœur aînée, à eux et à lui, à eux et aux autres.

Mtchehe ndzeh pap = leurs aînés, aînées, frères aînés, sœurs aînées.
Mtchehe ndzeh pap pouh éhé = leurs aînés, aînées, frères ou sœurs aînés à eux deux.
Mtchehe ndzeh pap pouh a pouh = leurs aînés, aînées, frères aînés, sœurs aînées à eux et à lui, à eux et aux autres.
Chehe dzeh = veut dire celui qui passe devant.
Chûhuk djuim = veut dire celui qui reste derrière.

Les enfants du père.
En fait les demi-frères et demi-sœurs issus du père sont dits enfants du père. Pohoh mtah.

Mouh tah = enfant du père.

Mouh tah ah = mon frère, ma sœur, consanguin(ne).
Mouh toh oh = ton frère, ta sœur consanguin(ne).
Mouh tap éhé = son frère, sœur consanguin(ne).
Mouh tah yok pouh = notre frère, sœur, consanguin(ne), à toi et à moi.
Mouh tah yok peh = notre frère, sœur consanguin(ne), à nous ensemble, lui et nous, eux et nous.
Mouh tah yok = notre frère, sœur consanguin(ne) à nous, toi excepté.
Mouh tah yok peh a pouh = notre frère, sœur consanguin(ne) à lui et nous.
Pôhôh mtah peh = mes frères, sœurs consanguins.

Pôhoh matah pok pouh = nos frères, sœurs consanguins, toi et moi.
Pôhoh mtah pok peh = nos frères, sœurs consanguins à eux et nous, à lui et nous.

Pôhôh mtah pok pié éhé : nos frères, sœurs consanguins à lui et moi.
Pôhôh mtah pok = nos frères, sœurs consanguins à nous sans vous.
Pôhôh mtah pok pia pouh = nos frères, sœurs consanguins à lui et nous, à eux et nous.
Pôhôh mtah pouh = tes frères, sœurs consanguins.
Pôhôh mtah pôh poh éhé = vos frères, sœurs consanguins à lui et toi.
Pôhôh mtah pôh pouh à pouh = vos frères, sœurs consanguins à eux et toi, à eux et vous.
Pôhôh mtah pôh = vos frères sœurs consanguins.
Pôhôh mtah pié éhé = ses frères, sœurs consanguins.
Pôhôh mtah pap pouh a pouh = leurs frères consanguins à lui et eux, à eux et aux autres.
Mouh mkaha = petits-fils, petites-filles issus des enfants femelles.
Mouh mkaha ah = l'enfant de ma fille (s'agissant du père).
Pôhôh mkaha peh = les enfants (filles ou garçons, de ma, mes filles ; s'agissant du père).
Pôhôh mkah a pok = les enfants de nos sœurs.
Mouh mkaha yok = l'enfant de notre sœur.

NB : les enfants des fils ne sont pas les pôhôh mkaha ou le mouh mkaha. Ils sont :
Mouh tah yok = l'enfant de notre père.
Pôhôh mtah pok = les enfants de notre père ou de nos pères ou de nos frères.
Ils ont le droit de succession dans la famille du grand-père et ses fils.

Le mouh nkaha n'a ce droit que lorsqu'il n'existe aucun garçon dans la famille du grand-père ou de ses fils.
Cependant, dans l'usage courant, on nomme, les frères, les sœurs, les demi-frères ou sœurs, les cousins, les cousines, les neveux, nièces et leurs enfants et arrière-petits-enfants pôhôh mmuoh peh ou enfants de ma mère.
On considère ici que ces enfants de divers rangs ou lignées sont derivés des deux grands-mères, paternelle = mère du père, maternelle = mère de la mère et leurs aïeules.
Les distinctions n'arrivent le plus souvent que lorsqu'il y a palabre au sein de la famille, palabre de succession, de partage, d'initiation et autres cérémonies nécessitant la participation matérielle de tous les membres de la famille.
Il y a aussi des enfants par adoption ou tchoueh mouh « l'enfant qui habite seulement », il est synonyme de lôhôh mouh ou enfant demandé ou emprunté. Dans ce dernier cas, le père ou la famille n'a pas d'enfant ni d'enfant disponible.

Mouh nchieh : c'est l'enfant orphelin ou du père ou de la mère ou des deux à la fois.
Mtchoueh pôhôh = les enfants par adoption ou les enfants qui viennent habiter seulement.
Mlôhôh pôhôh = les enfants demandés ou empruntés.
Pôhôh mtchieh = les orphelins, ils sont comme des enfants frappés de mauvais sort. Ils inspirent de la pitié, de la compassion.
Vous avez aussi :
Mouh wah = mouh walah ou mouh a lâh = l'enfant de mouh a lâh ou l'enfant du fils de la patrie. C'est l'enfant qui a été conduit dans le FAM ou école d'administration, de magistrature et de guerre du royaume, lâh ou gouong ou le territoire sur lequel on s'est fixé ou établi, pour lâh, ou le territoire sur lequel on est resté ou sur lequel l'aventure du groupe s'est arrêtée.

Mouh tchôhoh n'est pas très différent de mouh wah, mais ici, il est souvent prononcé sous forme d'éloges adressés non seulement aux serviteurs de foh ou roi, mais aussi à leurs enfants.

Pôhôh mtchôhoh foh = sont les serviteurs du foh, roi ou chef par abus de langage.
Les enfants des mtchôhoh foh sont aussi dits pôhôh mtchôhoh foh.

Mouh ndeh = veut dire mouh deh foh ou le fils de Ndehfoh ou serviteur, ou servant du foh.

Mouh nkamm = petit inamovible, ou notable de petite dimension ou n'ayant qu'un petit pouvoir.

Mouh nkamm, c'est en effet l'honorabilité donnée à un mouh à mbôh ou enfant du campement qui gouverne son campement par opposition à mouh a lâh qui gouverne et commande le lâh. Il est le fils du royaume lâh ou gouong.

Teh seh = dans le contexte bamiléké, on peut interpréter ces mots comme la tête qui a défait la barrière, qui a ouvert la voie aux accouchements.

D'autres diraient que cet enfant est arrivé au monde comme un coup de gaz. Que la mère ou le père a cru que c'est un coup de gaz qui s'échappait de leurs entrailles.

Châh mouh = serait considéré comme celui qui a fermé les enfants dans le sein de la mère ou du père.

Lorsqu'on pratique un passage sur une clôture sans couper les bambous ou leurs liens, on dit qu'on a fait un passage en faisant glisser les bambous de leurs liens. Cette opération se dit : sehe péhé = enlever les bambous en les faisant glisser de leurs liens.

Nkehgneh : les diverses générations d'une famille sont dites nkehgneh ou les enfants issus de mêmes ancêtres ; nkehgneh veut en un mot dire fibre familiale.

LE TEMPS
(tchoueh ndzûh)

Tchoueh ndzûh ou le temps ne s'exprime qu'en journée ou jour, en semaine, en mois, en année, en siècle, en millénaire, en million d'années et ses multiples.

Les subdivisions d'une journée ou du jour s'expriment en fonction des mouvements du soleil et parfois de la lune ou des évènements de la nuit et du jour ou les activités des êtres, hommes et bêtes.

Si nous comptons le jour de minuit à minuit nous avons :

Tcheh mtzuk = minuit ou milieu de nuit.

Tchum mtchih = la tombée de la buée disent la même chose, la période part de 23 heures 30mn à 01 heure 30 mn.

Bôh dzûh = ou l'inclinaison de la nuit, va de 01 heure à 02 heures.

Ntuong nkôh = le chant du coq, va de 02 heures à 03 heures.

Ntem ngoho = le départ pour la campagne ou les champs éloignés, va de 03 heures à 04 heures.

Mpum dzuh = l'aurore, va de 04 heures à 05 heures 30mn.

Doho dzuh = le lever du jour.

Djouop msang = le crépuscule du matin, va de 5 heures 30mn à 06 heures 30mn.

Ntem ndzeh = sortie des chèvres, va de 06 heures 30mn à 07 heures 30mn.

Elle correspond à saha nnam ou le lever du soleil.

Nkieh nnam = le rayonnement du soleil ou déploiement du soleil, va de 08 heures à 10 heures 30mn.

Mock tchûh = période du soleil ardent, va de 10 heures 30mn à 11 heures 50mn.

Tcheh mock tchûh = midi ou plein midi où le soleil est au zénith ou au-dessus de nos têtes.

Bouah nnam = déclinaison du soleil, va de 12 heures 30mn à 14 heures.

Bouh a ndzuh = l'après-midi, va de 14 heures à 18 heures.

Le Nkôh ngohop = la rentrée des poules, va de 18 heures à 18 heures 30mn.

Nkouoh ngoh = retour des champs ou des campagnes, va de 18 heures 30mn à 19 heures 30mn.

Ntûhûh mtchang mock = mise de marmites ou des repas au feu, va de 20 heures 30mn à 22 heures.

Nkouôh mtchang = la descente des repas ou des canaris du feu, va de 21 heures 30mn à 22 heures.
Mtsûhuh = la nuit, va de 23 heures à 00 heure ou minuit.
Ntéying mtsûhûh ou milieu de la nuit, minuit.

NB : la journée va de mpuhum dzûh à nkouôh ngoh.
La nuit va de nkôh ngôhop à ndôhôh ndzûh.
En bamiléké, le jour, la nuit comme chez les Occidentaux, ont la même durée, mais ils ne sont pas évalués en heures, minutes, secondes.

Ngap mdzuh = une semaine, s'évalue en jours qui sont au nombre de huit. Dans la majorité des groupements de la grande Mifi aujourd'hui divisée en Hauts-plateaux, Kouong-khi et Mifi à quelques exceptions près, ils sont :
Dzedze, tamdze, séssou, ngohsuoh, dzemto, tamgo, tiepfo, chekû.

Ngouhôh ndzûh ou nkah ndzuh = une année, n'est pas exprimée en jours, ni en semaines, ni en mois.
Si nous osons l'interpréter, nous pouvons désigner ngoûh dzuh la plus grosse période du temps.
Nkâh ndzuh correspondrait à une période après laquelle on met le feu de brousse. Nkâh étant une touche allumée ou un faisceau de lamelles de bambou séchées, de paille ou de palmes de bambou allumées pour éclairer la marche nocturne. Il désigne aussi le feu de brousse ; pour le feu de brousse, il devrait se faire vers les mois de décembre et janvier lorsque les herbes des collines ou des montagnes (mamelon, crête militaire, etc.) étaient complètement sèches. L'année, nkâh ndzuh ou ngoûh ndzuh s'exprime en périodes.

Commençons par la période de janvier à février dit nkem mghélé ou période de coupure des herbes.
Ndzûhûh nnéh = le labour, il va de mi-février à mi-mars.
Ndzeh ntsehe = les semailles, il va de mi-mars à mi-avril.
Soûh nnéh = il va de mi-avril à mi-mai, c'est le sarclage des champs.
Kaptchoueh = la période de la disette va de mi-mai à fin juin.
Ndjuihik—ngueh feh = prélèvement secret d'épis de maïs frais des champs ; on peut qualifier cette période qui va de fin juin à début juillet de nbouah tchoueh ou la baisse de la disette.

Tchouah guehfeh ou la récolte de maïs va de mi-juillet à mi-août et à fin septembre. On qualifie aussi cette période de fehfeh ou la gelure, période de froid accompagnée de pluies très fines.
Ndzuc mkôh = ou la culture du haricot dit njébé ou mkôh à djoh (parce que jadis trouvé en vente sur les marchés de Lang-djoh et nommé ainsi par les « dje nkâh » ou les gens d'en haut (pah hom, ntié, pah dingkouop, pah gouoh etc…) va de mi-septembre à mi-octobre.
Tang nvûhuh et mkap mkôh va de début novembre à fin décembre
Nkâhâh nqueh = cent ans, une centaine d'années correspondent à un siècle.
Dans les temps anciens, nkâhâh nqueh correspondait à la période la plus longue de l'existence humaine, de sa longévité.
Lorsqu'on dit : nkâhâh ndah beh nqueh, on veut dire : dans une période plus ou moins ou autant que durera le temps.
C'est que l'on a constaté un fait et que tant que durera le temps, on verra le résultat ou l'accomplissement de ce fait ou ce qui l'a causé.
Ce qui signifie que, quelle que soit la longueur du temps, on finira par découvrir la vérité.
Nkâhah nqueh est un nom propre donné à la suite d'un fait troublant comme nkâhâh nqueh qui est un siècle.
L'on peut avoir nkâhâh châhah qui est un millénaire ou mille ans.

Il faut éviter de dire nkâhâh châhal bum. Châhâh bum étant 1000 cauris de même nkâhâh choûh correspond à un million d'années.
Nkâhâh châh choûh équivaut à un milliard d'années.
Nkâhâh choûh choûh, mille milliards d'années…

L'unité la plus grande du temps.
L'unité la plus grande de la mesure du temps est dite gouhoudzuh ou nkâhdzuh.
Gouhoudzuh signifiait la plus grosse partie du temps dit thoueh dzuh ; elle compte environ treize lunes.
Nkâh dzuh signifiait un cycle d'un feu de brousse, il compte également treize lunes environ.
La première activité agricole, c'est le feu de brousse. On brûle pour préparer les champs à cultiver.
Chez les Bamiléké, l'année est définie par les activités agricoles. Les années sont comptées par rapport aux récoltes de maïs. Il y avait une seule récolte de maïs toutes les treize lunes. Également un seul moment de feu de brousse toutes les treize lunes.

Les sous-multiples de gouhoudzûh ou nkâh dzûh.
Les sous multiples de gouhoudzûh ou nkâh sont :
Ñnoûh = ou une lune. Les Bamiléké en dehors des œuvres ou choses de l'esprit, n'excellent pas dans les œuvres abstraites. Ils s'appuient sur le concret. On voit apparaître et disparaître la lune avec ses diverses évolutions.
Ngap dzûh ou la semaine avec ses huit jours. On voit apparaître et disparaître le jour avec son évolution.
Tiehdzûh ou un jour. Le jour va du chant du coq au chant du coq avec ses diverses variations.
Les divisions plus petites ne sont mesurées qu'à partir des actes ou actions des hommes.
Exemple : le temps d'absorber une gorgée d'eau, de parcourir : 100m, 1000m, etc., d'aller et revenir du marigot.
Les multiples de gouhou dzûh ou nkâh dzûh vont de dzûh gouhou puoh ou nkâh puoh à dzûh chouhchouch, en passant par gouhou ngham.

ou nkah ngham, gouhou pohoh puoh, une dizaine, deux dizaines d'années… gouhou pohoh ntoh, nkah pohoh vuhûh, ngouhnqueh, 50 ans, 90 ans, 100 ans ou 5 dizaines, 9 dizaines d'années, une centaine d'années.
Une centaine d'années étant l'espérance de vie la plus élevée d'un homme ou humain, c'est pourquoi ce nombre d'années est donné comme nom propre aux enfants à cause de certains faits scabreux survenus dans la vie d'un des parents. Ceci veut dire que la vérité finira un jour par jaillir, quel que soit le temps qu'elle restera inconnue.

Fohôh dzuh et bouha dzûh
Les fohôh dzuh et bouha dzuh sont les deux divisions principales d'une journée.
Fohôh dzuh = ou le blanchissement du temps ou le jour. Il va de mpum dzuh ou l'aurore, ou les ébauches du jour, à mok tchûh = milieu du jour ou le regard du feu.

Bouha dzuh = atténuation du jour, ou le soleil n'est plus du feu, va de 13 heures 30mn, 14 heures à l'heure où le village s'endort.

PROVERBES BAMILEKE

Chouh teh djem dohôh peh Sïh= une guerre injuste ne se fait que contre Dieu. Celui qui offense sans raison, n'offense que Dieu, pas celui que l'offenseur vise. C'est Dieu qui prend sa défense. Il ne se confie qu'à Dieu.

Louah ntouong neh tsûk beh cheh dâhe pfeh tsûhûl= si la grenouille croasse dans un endroit, l'eau finira par suinter à cet endroit.

Cela signifie que certains faits et gestes prévoient toujours des conséquences, favorables ou défavorables.

Ntehe pouh ndahâdah chouehtoh ndâh ntah ndzah= le doigt qui est toujours à l'anus finit par se salir de la merde ou des excréments.

Cela signifie que tout abus finit toujours par nuire à la personne qui abuse.

Chouh Yeh péhé Tégang= la guerre traîne toujours dans la concession de Tégang.

Cela signifie que les ennuis ne sont pas terminés, que les menaces sont encore présentes.

Mehjouong a déhe djeh Guèh sem-sem= lorsque le soldat regarde en direction de Gueh, il ne peut que fiasquer. Les soldats de Fotso II Mah Suedom voulurent y occuper la vallée du Noun jusqu'aux confins du Mbam au lieu où s'arrêtait le territoire du Foh a Mam Njoya. Mais les Allemands, devenus maîtres du Cameroun, ont mis fin à leurs ambitions en interdisant la guerre.

L'expression veut dire que personne n'est content lorsqu'il n'a pas atteint ses objectifs.

Dang bvuh m'dang djing= le grelot équivaut au chien qui le porte.

Cela veut dire que les ambitions doivent correspondre aux capacités de celui qui les nourrit.

Il faut confier des charges en fonction des capacités des personnes sollicitées.

Yeh vam neh a kwah yieh tehe= c'est ce qui est dans le ventre qui porte ce qui est sur la tête.

Cela veut dire qu'il ne faut pas travailler affamé, qu'il faut nourrir celui qui travaille.

Moh nkieh pueh é a tsuh é péhé ping nkieh a ou tsuh peh é ping kouhouh neh a= on n'accroche son sac qu'à la hauteur où on peut le décrocher.

Cela signifie qu'il ne faut pas s'engager dans des affaires qui sont hors de sa portée ; qu'il ne faut pas se faire ami des personnes qui vous dépassent, avec qui vous ne pouvez rivaliser.

Tsûh tieh-tieh tah a beh tsûh tâhâh tieh a= ce qui est prévu pour manger plusieurs jours n'est jamais fait pour manger en un seul jour.

Cela signifie qu'on ne doit pas manger en un seul jour ce qui est prévu pour plusieurs jours.

Il faut dépenser, manger rationnellement ses économies financières et matérielles.

Mahâh bang, mahâh fah= celui qui jette la pluie jette le vent.

Il s'agit de celui qui semble donner une solution favorable à un problème concernant une personne, mais donne en même temps à son adversaire une possibilité de contre-attaque. C'est une personne qui fait des intrigues, qui ne veut pas la paix.

Moh yem mvúh gueh vehe pouh é= quelqu'un a insulté le chien demandant qu'il soit couvert de cendre.

Cela signifie que quelqu'un a insulté autrui par son vrai défaut ou son vrai handicap.

Moh tack kouoh nomm dzeh yieh mvúh : quelqu'un a laissé les traces du gibier pour suivre celles du chien.

Cela veut dire qu'au lieu de chercher les vraies causes de son malheur, quelqu'un se met à accuser son entourage.

Moh hôh nomm ntam mvúh = quelqu'un s'est trompé d'animal et a tué son chien.

Cela veut dire qu'au lieu d'attaquer son vrai ennemi, quelqu'un s'acharne sur son intime.

Moh nghing kekôh kehingneh= quelqu'un, faute de marcher, se met à s'enrouler à terre.

Cela veut dire qu' au lieu de trouver une vraie solution à ses problèmes, quelqu'un s'est mis à supputer et à tricher.

Moh vohôk niah teh beh kahah mtseh gôhôh beh pôh é dahâh djouhôhh= si quelqu'un échappe au buffle, mais fréquente souvent les environs de la brousse, il finira par le rencontrer.

Cela veut dire que si une personne échappe à un piège, mais continue à fréquenter les milieux susceptibles de l'y conduire, elle finira par s'y faire prendre.

Moh tsehe bohoh o kah wah = si quelqu'un garde les rancunes, qui peut-il fréquenter?

Cela veut dire que personne n'est exempt d'offense et qu'il faut s'en faire et pardonner.

Mouh dzeh a djèhe mkiah djehe neh kohoh= lorsqu'une jeune chèvre sait qu'elle n'a pas de côtes solides, elle sait à quel moment rentrer.

Cela veut dire que « lorsque quelqu'un sait qu'il n'a pas de moyens physiques ou matériels suffisants, il doit savoir être assez prévoyant pour éviter les surprises désagréables ».

Pok mtchûh a ghing a pouha mtuh gwah= celui qui a mauvais regard ou mauvaise mine marche toujours muni d'une calebasse d'eau pour plaider son innocence.

Cela veut dire qu'une personne qui n'a pas de chance ou une bonne mine doit éviter de commettre des actes, même les plus populaires ; qu'elle doit être toujours sur ses gardes et ne pas imiter les autres.

Gneh ntouong= ce qui étouffe la blessure de la gorge.

Kahâgneh louong= une particule, une fibre restée en travers de la gorge.

Un mal dont on n'arrive pas à se défaire, à se débarrasser. Qui donne des insomnies.

Bohôgneh tohkôh gop= la haine, le mépris du recoin aux poulets ou à la volaille.

La haine gratuite au sein d'une famille, d'une communauté, d'une association.

Tsûh a jeh leh tsûh kop pôhôh= le mangeur à petites bouchées avait mangé un mortier de taro.

Cela veut dire que celui qui entreprend doucement une œuvre, qui va doucement, finit par réaliser une grande œuvre, une grande entreprise. Celui qui va sou par sou finit par accumuler une grosse fortune. « little money makes heavy pures » ; celui qui va méthodiquement finit par réussir grandement.

Tahâh pouh tah a kwah pouhouh a= une main n'a jamais attaché un paquet.

Cela signifie que si quelqu'un ne s'associe pas aux autres, il ne peut pas réaliser de grandes choses.

Moh a nvok teh chang pueh é= l'on ne recherche son sac qu'une fois sauvé du péril.

Cela signifie qu'il ne faut pas mettre sa vie en danger pour l'acquisition des biens, ou pour préserver les biens. Une fois sauvé, vous chercherez à en acquérir.

Souong moh a beh jèh tum o' peh a neh = lorsqu'on a mal à une dent, la langue ne la quitte jamais.

Cela veut dire que lorsqu'une personne a un problème sérieux, sa conscience n'est concentrée que là-dessus.

Nul ne peut se défaire d'un problème qui le concerne.

Fung choueh= la plaie de la bouche : lorsqu'on a une plaie dans la bouche, elle est souvent étouffée par la langue.

C'est un mal, une douleur qui vous reste en travers de la conscience ; qui vous empêche de dormir.

Moh tah a ntak fing nvuh a= l'on ne peut ensorceler la plaie du chien et l'empêcher de guérir ou de se cicatriser. Il lave lui-même sa plaie et avec sa seule salive.

Cela signifie que celui qui s'emploie à nuire au pauvre ou au malheureux ne perd que son temps, car Dieu le délivre toujours.

Moh lahâh bvûh cheh o ñueh mouhoûh= si quelqu'un tombe dans l'eau qu'il en boive = si tu as des difficultés ne cherche pas à te suicider, il faut les supporter stoïquement.

Moh a bîh mtôh ghèhdjeh a doh é= lorsqu'une personne perd un marché frauduleux, il ne le sait que lui seul.

Moh a bïh mtôh tchouong dôhôh a vam é= lorsque quelqu'un perd dans un marché d'objets volés, il ne pleure que dans son ventre.

Les deux proverbes veulent dire que si quelqu'un subit un désagrément, une perte, une mésaventure dans des accords truqués, dans un fait de corruption, une malversation, etc., il ne peut s'en prendre qu'à lui-même. Il ne peut pas se plaindre ouvertement ni officiellement.

Lama moh a sohoh é djeh a doh é= lorsque quelqu'un a un haut-le-cœur, il le sent seul.

Cela veut dire que quand la conscience d'une personne lui reproche un fait, il le sait tout seul.

Il doit, seul, faire son examen de conscience et chercher à réparer le tort qu'il a causé à autrui.

Domm dieh teh kouhouh domm leh domm= lorsqu'on sc maric avant l'âge, on le fera à plusieurs reprises.

Cela signifie que toute action, tout acte ou toute entreprise, fait à la hâte, ou de manière hâtive, sans préparation sérieuse, ne réussit jamais ; il faut le recommencer.

Domm dieh bûm domm leh domm= *idem.*

Moh tah a gom bih jeh nehe guehe tsûh noueh cheh a= on ne dit pas à un sage : « Mange et bois de l'eau ».

Cela veut dire qu'on ne dicte pas la conduite à tenir à une personne mûre, sage.

Bem nah gohoh ntèh dehe msohoh bouh= c'est celui qui vous a façonné qui va chercher vos récompenses, ou étrennes dans la 'case-grenier'.

Cela signifie qu'il ne faut pas regarder pas ce qu'ont les autres. Contente-toi ce que tu possèdes, de ce que le sort te réserve – ne te plains pas de ce qu'ont les autres.

Bemm kah piyng= le façonneur, le fabricateur n'a pas accepté.

Cela veut dire que le sort a décidé autrement ; l'ange gardien n'a pas accepté ce qu'on a proposé.

Il s'est mis en parade, soit pour empêcher un malheur, soit pour priver quelqu'un d'une réussite dangereuse, soit pour autrui.

Youeh bouhougneh : celui qui entend et devient sourd.

Il s'agit d'une personne qui entend et fait semblant de n'avoir rien entendu, que ce soit le mal qu'on dit de lui, ou le refus, par lui, de répondre à une sollicitation faite par autrui.

Mnock tah a tchoueh kuitsûh mih youeh a= le serpent qui reste sur place n'avale rien.

Cela veut dire qu'une personne qui reste inactive ne peut rien posséder. Il faut travailler en allant au champ, à la campagne, en ville, dans le monde qui vous entoure.

Nchûhûh pen jeh côhôh= celui qui secoue l'œuf et reconnaît le coq.

Il s'agit d'une personne très intelligente et avare, rusée et malhonnête.

Teh fiyng djuih gop= celui qui ne vend pas la poule, disons-le ainsi, « la poule femelle », c'est une personne très avare, égocentrique.

Teh ngneh péhé moh= qui ne défèque jamais dans la concession d'autrui ; qui ne chie pas, qui ne fait pas ses besoins sur le terrain d'autrui, de peur de le fertiliser est une personne très avare.

Mgneh nkohoh fûfûck= qui défèque et en interdit le scarabée.

C'est une personne, avare, égoïste.

Mmahah mkouong choûh= celui qui jette les lances, les cartouches de guerre.

C'est une personne qui, par des manœuvres, des paroles ou autres artifices, pousse deux ou plusieurs personnes ou des communautés à s'affronter. C'est un manipulateur.

Ahah hui pouh leh bouh ñwah= quand cela se refroidit, on ramasse avec les mains.

Cela signifie que lorsqu'une situation n'est plus difficile, tout le monde s'y adapte. Personne n'en a plus peur.

Lorsqu'une personne méchante, une personne sévère, devient plus affable, tout le monde peut l'approcher, et même la provoquer.

ahah tah bouong djum puoh a= rien n'est beau sur les deux faces.

Cela veut dire que rien n'est totalement satisfaisant. Si vous avez une belle épouse, elle peut être une mauvaise épouse ou alors, sa beauté peut vous attirer des ennemis, des ennuis.

Par contre, vous pouvez avoir une femme qui n'a pas bonne mine, mais elle est une bonne partenaire, bonne cuisinière.

Tsûhûh cheh foh a djam a ghéh = la calebasse du roi ne se produit que dans la brousse.

Cela veut dire que les plus belles choses ne viennent que des lieux négligés ou isolés – que les plus vaillants et les plus beaux hommes ou êtres humains sont souvent issus de familles pauvres ou misérables.

Pouh a neh tsihicteh nkahâte moh éh a ntsicte vam tsieh= pendant qu'on frotte le dos de quelqu'un, il doit frotter son ventre.

Cela signifie que pendant qu'on aide une personne dans le domaine qui le dépasse, il faut qu'il s'efforce à réaliser ce qui est à sa portée ; il ne faut pas qu'il attende qu'on fasse tout pour lui.

Bomdieh nah a hueh mnoueh= ce sont les encadrements de la porte qui cachent les problèmes.

Cela veut dire que dans chaque maison, il y a des problèmes qui ne sont connus que par les membres de la famille.

Bap a djoh ah damm teh wap pfah= les Lang-djoh ne mangent leur viande que lorsqu'elle sent mauvais.

Cela veut dire que les Lang-djoh sont des gens extrêmement patients. Ils ne réagissent que lorsque les provocations ont dépassé les limites – et lorsqu'on mange quelque chose qui sent mauvais ou qui n'a pas bon goût, on l'avale à la hâte – il conseille à tout Lang-djoh ou Bandjoun, la patience, la non-agitation. Tout Lang-djoh qui n'assimile pas cette maxime et l'observe est un mutant appelé chez nous : « kuep-guiah »= kuiepgneh nguiah » ou métamorphosé.

Moh ah hôdjeh koueh o' gueh a ghim sîh= lorsqu'on se trompe de chemin, le pas devient léger, très alerte.

Cela signifie qu'on progresse plus rapidement en mal qu'en bien. Qu'on s'applique plus en mauvais qu'en bons conseils.

A peh a mouh gop teh gueh teh tchûh beh é lahâh pfieh msèh= même si c'est le poussin qui dit qu'on va voir, il finit par verser la farine du couscous.

Cela veut dire qu'il faut prendre toute menace au sérieux. Il ne faut jamais simplifier minimiser la menace même si elle émane du plus petit ou du plus faible.

Mnom wah ngeuh= l'animal qui déchire les rets, les filets de chasse.

C'est une personne qui devient imprévisiblement puissante, vainqueur d'une manière inattendue, glorieuse.

Ahah bïh dieh pouh chan péhé= lorsque quelque chose se perd dans la maison, on la cherche dehors dans le champ.

Cela veut dire qu'il ne faut pas chercher les causes et les solutions aux problèmes seulement autour de soi, dans son entourage, parmi ses amis. Mais il faut les chercher aussi hors du cercle qui est le sien, un peu plus loin, chez les autres.

Gueh feh a djoh tah bouong mseh chouah à= le maïs des Lang-djoh n'est jamais bon pour le couscous de la cotisation, de la mutuelle.

Cela veut dire qu'on n'apprécie pas ce qui vient de chez soi. Qu'on apprécie que ce qui est importé, même une sagesse issue d'un Lang-djoh n'est pas souvent acceptée par les siens.

Djouh fôhfôh leh gheh djeh nefohtchah= celui qui écoute à tort et à travers avait déclaré que la voie royale est bouchée, fermée.

Cela veut dire que celui qui ne suit pas attentivement ce qu'on lui dit ou enseigne peut proférer des pires incongruités.

Djihkouhouh lâh pïh nchèh pïh= lorsque la famine finira, la palabre, l'hostilité, la rancœur finira.

Cela veut dire qu'il faut travailler pour avoir à manger. Les gens qui mangent à leur faim restent en paix. Qu'il ne faut pas priver les êtres des moyens de se nourrir.

Tchûc djih kouhouh a peh djock ghah= mieux vaut ce qui gratte la gorge ou la bouche que la famine.

Cela veut dire qu'il vaut mieux avoir un repas de mauvaise qualité que de ne rien avoir à manger du tout.

Cheh ghoh buohpuoh= l'eau coule en remontant la pente.

Cela veut dire que l'ordre normal des choses a été renversé.

Cheh gohoh ntack mwouoh a sîh cheh= l'eau part en laissant les pierres au fond du lit.

Cela veut dire que les étrangers passent et laissent les fondateurs sur place. Ou ceux qui font la base d'une entreprise.

Ahah hiah tchouakouoh hé hiah tchah= lorsque ça écrase la souris, ça écrase la terre.

Cela veut dire que le mal qu'on fait à une personne ne s'arrête pas à la seule personne, il la pousse à en faire autant à une ou plusieurs personnes sans le vouloir.

Ntéhé kouoh ning pouh= enlever le pied et introduire la main ou délivrer le pied et emprisonner la main.

Cela signifie payer une dette par un emprunt, détruire quelque chose dont on aura toujours besoin pour construire une autre.

Mouhoûh mouh a neh lohôh djih mouhouh peh dohôh djueh= pendant qu'un enfant pleure de famine, un autre pleure pour avoir trop mangé.

Cela signifie que le monde est en perpétuel déséquilibre ; pendant que certains sont dans un dénuement absolu, d'autres sont dans la surabondance.

Pouh leh kingteh kem é nang teh chouah koueh é= on a acclamé le danseur cagoulé, et il a dansé jusqu'à cogner son pied ou fouler son pied.

Cela veut dire qu'une personne qui n'est pas sage peut commettre des pires bêtises sous les fausses acclamations ou louanges des hommes.

Pouh a gueh dzeh yie moh é ghéh pock= lorsqu'on dit que mieux c'est pour quelqu'un, il devient si malheureux.

Cela veut dire que lorsque quelqu'un est assez suffisant, il cesse de faire des efforts, et personne ne lui vient en aide.

Tcheh Motué gohoh ping a dieh= le grillon de Motué doit rentrer dans son terrier.

Il s'agit pour quelqu'un de reprendre ce qu'il a offert à autrui (surtout en gage ou en corruption, lorsqu'il n'a pas été satisfait).

Ah néh nkoh bah hâhâh néh tem : si ça entre sans cause, ça sortira sans cause.

Cela veut dire que si quelqu'un introduit, soit une maladie, soit un fétiche, soit un poison dans le corps d'une autre personne sans motif, cette maladie guérira par la grâce de Dieu ; ce fétiche et ce poison sortiront seuls par la force de Dieu.

Djem bïh ou bïh Sïh : le plaidoyer appartient à lui ou Dieu.

= c'est Dieu qui va plaider ma cause.

C'est lui qui est mon défenseur.

Tïh mock-mock ou mockteh-mocteh leh tack dieh wah :

Qui est celui chez qui il a manqué une nuit blanche?

La nuit blanche a sauté la maison de qui ?

Cela veut dire : qui est celui qui n'a jamais passé des nuits à méditer ?

Qui est celui qui n'a jamais eu des problèmes ? Des difficultés très tracassantes ?

C'est une personne dont les paroles ressemblent aux signes annonciateurs du malheur.

Moh kwahah póhóh sang nkôh : quelqu'un a porté les petits de l'oiseau de mauvais augure.

C'est une personne qui attaque ou provoque quelqu'un de hargneux, un 'vilipendeur', saboteur.

Tchom teh noueh : celui qui se plaint sans problème.

C'est une personne qui s'émeut, qui s'inquiète pour une affaire qui n'en est pas une.

Qui grossit un fait anodin. Qui donne a des petites difficultés des proportions énormes.

Tchom chouh neh : qui se plaint et s'assoit dessus. C'est une personne qui se plaint d'un problème, mais n'y trouve pas de solution.

C'est une personne qui est dépassée par les évènements.

Tchom nguihih : celui qui se plaint et rit.

C'est une personne qui semble avoir pitié de quelqu'un, mais se moque de lui, ou est content de son malheur. Se plaît de le voir ainsi souffrir.

Tem ntieh-ntieh teh beh douong a = qui sort de jour en jour n'est pas paresseux.

Cela veut dire que celui qui a le cœur à l'ouvrage, à l'effort au travail, n'est pas paresseux, même s'il ne réussit pas parfaitement, il aura quelque chose à mettre sous la dent.

Ntem góhóh mdjum dzeh : celui qui sort pour la campagne, les champs après la chèvre.

C'est une personne qui prend l'initiative trop tard, alors que d'autres ont déjà décidé ou fait ce qu'il fallait.

Nam yoh pohôh pouh em : le soleil a vu le taro dans ma main.

Cela veut dire qu'il a été en grande difficulté et personne n'a voulu l'en sortir ou bien que longtemps, il n'a pu s'en sortir seul.

Gouoh teh bang ngouoh djoueh= les termites ailés sans pluie présagent un malheur.

Cela veut dire qu'un bonheur sans souffrance présage un danger, un piège. Il faut s'en méfier.

Tsûh teh jueh= celui qui ne se rassasie jamais.

Il s'agit simplement d'une personne avare.

Qui ne veut rien laisser, qui court derrière tous les biens, même les plus infimes.

Vam teh a beh pueh a= le ventre n'est jamais un sac.

Cela veut dire d'une part qu'on ne peut pas consommer le contenu d'un sac. Qu'il faut laisser à autrui la possibilité de manger à sa faim.

D'autre part, qu'il ne faut pas faire de son estomac un sac dans lequel il faut tout mettre, il faut mettre plus qu'il n'en faut.

Djouhdjoueh pouoh nséh béhé kweh= si la mouche a peur du chasse-mouches, elle va grandir.

Cela veut dire que celui qui a conscience du danger peut vivre longtemps.

Si quelqu'un respecte les lois sociales, il doit toujours jouir de sa liberté.

Kam djeh leh joueh sanggop= le court itinéraire a tué la perdrix. Le raccourci a tué la perdrix.

Cela veut dire que la fraude, la corruption, le détournement, conduisent au danger, exposent au danger dans un monde juste.

gouong meh kuoh djeh= le pays de « meh kuoh-djeh ».

Meh kuoh-djeh= c'est un coléoptère à abdomen arrondi et volumineux. Chez cette espèce, tout le monde semble porter un enfant dans ses entrailles, le père, la mère, le fils et la fille.

C'est un monde sans ordre hiérarchique, où personne ne joue le rôle qui devrait être le sien, tout le monde fait tout.

Moh leuh, moh leuh, moh keh loloh liyng= que chacun parle, que personne ne se plaigne des injures.

Cela veut dire que : « comme Dieu nous a créés besaciers et que chacun a placé devant lui la poche contenant les défauts de l'autre, et sur le dos ses défauts, et qu'à chaque coup nous jetons un regard dans cette poche ventrale et vilipendons l'autre, ne nous fâchons pas lorsque lui aussi, jetant un coup d'œil dans sa poche ventrale qui contient nos défauts, nous vilipende en retour.

Ndzeh quekeh sïhah sahah= celui qui plante une brindille sèche en terre et ça pousse.

C'est une personne très avare, très individualiste et intrigante.

Celui qui peut, parmi les brindilles, distinguer celle qui lui appartient parce qu'il a réussi à la faire pousser, chose impossible à réaliser par les mortels.

Mtchihtching mdjuih tahah sahâh cheh ah= les urines d'une femme ne traversent pas un cours d'eau.

Cela signifie qu'il y a des choses que tout le monde ne peut pas accomplir.

Il y a des choses que certaines personnes ne peuvent pas réaliser, accomplir.

Tchùh neh keh ah wouop= au lieu que ça brûle, mieux vaut que ça soit mal cuit.

Cela signifie qu'il vaut mieux être un handicapé physique qu'un mort.

Mieux vaut sortir handicapé d'un accident que d'en sortir mort.

Djiihic pïh neh gheh youhoc lohoh pïh= c'est celui qui subit la perte pour la première fois qui passe tout son temps à se lamenter.

Cela signifie que c'est la personne qui a des ennuis, des déboires, une défaite pour la première fois qui va passer tout son temps à s'en plaindre.

Peh tïh nkohoh toh tsuh mïh bèh teh djoh peh tsuh mïh bèh= c'est lorsque nous arriverons au pied de l'arbre à manger les fruits et à avaler les noyaux que nous verrons les gens capables de manger et d'avaler le noyau.

C'est dire que c'est lorsqu'on sera à l'œuvre que nous verrons ceux qui seront capables de la réaliser.

Table des matières

Le Cameroun
aux éditions L'Harmattan

Dernières parutions

PROFILS ET PRATIQUES D'ENTREPRENEURS CAMEROUNAIS
Expériences et témoignages
Kamdem Emmanuel - Avec la collaboration de Raphaël Nkakleu
Cet ouvrage présente des monographies d'entreprises effectuées au Cameroun, dans le but de mieux connaître l'organisation et le fonctionnement des PME. Il est le résultat d'une étude de terrain menée auprès des différents acteurs impliqués dans la création et la gestion des entreprises. Les différentes expériences entrepreneuriales camerounaises présentées dans cet ouvrage invitent à relativiser ces images et à penser qu'un tel diagnostic peut et doit être revisité. L'ouvrage propose également un cadre de modélisation de l'évolution de la PME camerounaise.
(Coll. Diversité culturelle et dynamique des organisations, 25.50 euros, 246 p.)
ISBN : 978-2-343-03731-8, ISBN EBOOK : 978-2-336-37950-0

L'AUTONOMIE FINANCIÈRE DANS LA MISSION D'ÉVANGÉLISATION DE L'ÉGLISE EN AFRIQUE
Le cas du Cameroun
Ngono Honorine - Préface de Mgr Joseph Atanga
Les Églises d'Afrique connaissent des difficultés dans la réalisation de la mission d'évangélisation, dont la principale est la prise en charge financière des besoins pastoraux. Face à cette situation, l'auteur propose ici quelques orientations pastorales telles que penser et construire l'autonomie financière de l'Église, revitaliser les structures de gestion des diocèses, renforcer la communion des fidèles et planifier la gestion des ressources.
(Coll. Églises d'Afrique, 39.00 euros, 408 p.)
ISBN : 978 2 343 06180 1, ISBN EBOOK : 978 2 336 37687 5

LA PRATIQUE DU CONTRÔLE FISCAL DES PRIX DE TRANSFERT DANS L'ESPACE CEMAC
Le cas du Cameroun
Ayangma Ayangma Joseph - Préface de Pierre Alaka Alaka
L'appartenance à un groupe de sociétés confère des privilèges dont les prix de transfert sont l'illustration majeure. L'administration fiscale camerounaise doit donc être précautionneuse face aux flux intergroupes car il y a souvent manipulation frauduleuse des prix de transfert. Le Cameroun a initié, à l'instar des autres États de la CEMAC, des dispositifs juridiques de contrôle. Ce dispositif en chantier et inabouti est de nature ambivalente au regard de son caractère national et transnational.
(Harmattan Cameroun, 37.00 euros, 364 p.,)
ISBN : 978-2-343-04069-1, ISBN EBOOK : 978-2-336-37410-9

LE NATIONALISME CAMEROUNAIS DANS LES PROGRAMMES ET MANUELS D'HISTOIRE
Segnou Etienne
Préface d'Albert Mandjack - Postface de Ferdinand Chindji-Kouleu
Plus de 50 ans après les faits, un ouvrage tente d'étudier scientifiquement ce qu'on enseigne aux élèves et étudiants camerounais sur l'histoire de la lutte indépendantiste, au Cameroun, ainsi que sur celle de toutes les luttes anticolonialistes dans ce pays. Dans les programmes et manuels

d'histoire, le nationalisme camerounais est occulté, présenté de façon vague. L'histoire du nationalisme camerounais renferme des faits qui, s'ils étaient connus de la jeunesse camerounaise, pourraient ébranler les fondements de l'État camerounais.
(Harmattan Cameroun, 38.50 euros, 392 p.,)
ISBN : 978-2-343-04706-5, ISBN EBOOK : 978-2-336-37361-4

DOUALA ET LA RÉPARTITION SPATIALE DES ENTREPRISES
Polarisation et fragmentation
Essombe Edimo Nya Bonabebe Jean-Roger - Préface de Bernard Pecqueur
Cet ouvrage se veut une introduction à la compréhension de l'économie de la ville de Douala, à travers les mutations spatiales à l'œuvre sur ce territoire et sous l'effet des dynamiques de localisation des entreprises en son sein. L'analyse est proposée en intégrant les questions vives de l'économie territoriale (attractivité territoriale, mondialisation, compétitivité...) et en interrogeant le rôle des acteurs situés (privés et publics) pour le développement futur de la ville.
(Harmattan Cameroun, 29.00 euros, 280 p.)
ISBN : 978-2-343-05701-9, ISBN EBOOK : 978-2-336-37402-4

JOSEPH CUNIBERT NKONDONGO OBAMA
Héraut de l'éducation (1913-1980)
Yumbi Protais – Préface de Jean Paul Messina – Postface de Bienvenu Obama
Cette biographie retrace le parcours atypique d'un homme, héraut de l'éducation et du christianisme social au Cameroun, dont l'existence et l'œuvre sont reléguées aux oubliettes. Pourtant, il a marqué de son empreinte indélébile la vie de plusieurs générations et l'activité socioéducative au Cameroun, dépendant et indépendant. Cet ouvrage constitue un devoir de mémoire et un hommage mérité, car un proverbe dit que «celui qui a planté un arbre avant de mourir, n'a pas vécu inutilement».
(Harmattan Cameroun, 16.50 euros, 160 p., , Illustré en noir et blanc)
ISBN : 978-2-343-05885-6, ISBN EBOOK : 978-2-336-37421-5

MIGRATION CHINOISE ET DÉVELOPPEMENT AU CAMEROUN
De Prince Pokam Hilaire
Cette étude vise à explorer le rôle de la migration chinoise dans le processus de développement depuis l'établissement des relations diplomatiques entre le Cameroun et la République populaire de Chine. Les migrants chinois au Cameroun créent avec le pays d'origine et le pays d'accueil une structure sociale triangulaire dynamisée par leurs multiples activités et contribuent à la réussite de la stratégie «gagnant-gagnant-gagnant». Ils sont à la fois acteurs, effets et enjeux de la mondialisation.
(Coll. Études africaines, série Économie, 12.50 euros, 106 p.)
ISBN : 978-2-343-05606-7, ISBN EBOOK : 978-2-336-37206-8

COMMUNICATION ET ENTRAIDE ENTRE MORTS ET VIVANTS EN AFRIQUE
L'exemple des Maka du Cameroun
Tchouand Mpa John Tomy - Préface d'Eugène Booh Bateng
Cet ouvrage essaie de montrer en quoi la communication cachée, «crypto-communication», peut constituer un vecteur d'entraide entre morts et vivants chez les Maka du Cameroun. À cet effet, une analyse, fondée sur le structuro-fonctionnalisme, l'ethnométhodologie et l'approche dynamiste, a permis de mettre en relief la philosophie existentielle, l'économie communicative et l'entraide entre les morts et les vivants au sein de l'ethnie Maka.
(Coll. Harmattan Cameroun, 15.50 euros, 152 p.)
ISBN : 978-2-343-05500-8, ISBN EBOOK : 978-2-336-37139-9

LE VAMPIRISME DES ENTREPRISES CAMEROUNAISES
Un frein à l'émergence
Verla Fonkika Dinven
Le vampirisme des entreprises camerounaises ne se limite pas aux seules activités économiques ou à leur rapport avec l'État. En réalité, elles vont jusqu'à aspirer la richesse des populations qui

sont expropriées de leurs terres et de leurs ressources. Quand bien même ces populations sont embauchées dans les entreprises, elles perçoivent des salaires dérisoires. Ce livre décrit tout en la décriant la situation dans laquelle des entreprises sans scrupules mettent en péril le projet d'émergence du Cameroun.
(Coll. Harmattan Cameroun, 13.00 euros, 112 p.)
ISBN : 978-2-343-05496-4, ISBN EBOOK : 978-2-336-37189-4

UN BÂTISSEUR DE RÊVES
Récit de vie
Walch-Virgili Dominique
C'est au cours d'une mission au Cameroun que Dominique Walch-Virgili a rencontré Pierre-Blaise Ango. Cet homme hors du commun est un *leader* inédit du développement agricole africain. Destiné par son grand-père à devenir chef de village traditionnel du centre-est du Cameroun, son parcours atypique l'a conduit à occuper des postes à responsabilité. Sa force : n'avoir jamais renié ses origines et ses valeurs. Cet ouvrage retrace son parcours et sa philosophie.
(22.00 euros, 224 p., Broché, Illustré en noir et blanc)
ISBN : 978-2-343-05713-2, ISBN EBOOK : 978-2-336-37283-9

L'ÉDUCATION AU CAMEROUN, ENTRE CRISES ET AJUSTEMENTS ÉCONOMIQUES
Fozing Innocent
Cet ouvrage procède à la mesure des paramètres du développement éducatif, de rendement scolaire et des possibilités d'insertion des jeunes issus du système éducatif dans les secteurs productifs de l'économie nationale en période d'ajustement économique. Puis il en tire des enseignements de politique éducative dans une perspective d'engagement du système éducatif dans une dynamique de contribution réelle au processus de développement économique et social du Cameroun.
(Coll. Éducations et sociétés, 23.00 euros, 220 p.)
ISBN : 978-2-343-05076-8, ISBN EBOOK : 978-2-336-37183-2

SPECTACLES VIVANTS AU CAMEROUN
De la production à l'organisation d'une tournée
Bizo Aimey, Clerget Marie-Anne
Ce guide richement illustré met à disposition des conseils, des techniques et des méthodes utiles à la production et à l'organisation d'un spectacle au Cameroun et à l'entrepreneuriat de sa tournée sur un plan local et international : démarches administratives pour l'obtention des autorisations et des visas, méthodes techniques et de financement de la production, de la diffusion et de l'administration d'un spectacle ou d'une tournée, exemples de fiches, de contrats et de budgets...
(35.00 euros, 376 p.)
ISBN : 978-2-343-04443-9, ISBN EBOOK : 978-2-336-37223-5

DIDATTICA DELL'ITALIANO
Livello 1
Bikitik Mathias Hyppolite
Questo libro è destinato agli alunni di classe di 4ème. È il primo di una serie di cinque, per ogni classe della 4ème alla Terminale. (Ouvrage entièrement en Italien.)
(Coll. Harmattan Cameroun, 20.00 euros, 116 p.)
ISBN : 978-2-343-05366-0, ISBN EBOOK : 978-2-336-37123-8

THÉORIE ET PRATIQUE DU COURS ENTRE PÉDAGOGIE ET DIDACTIQUE
Traité de didactique générale à l'usage du normalien
Mbia Claude Marie
La volonté politique d'amélioration du taux d'alphabétisation au Cameroun a entraîné une véritable inflation de la diffusion pédagogique des savoirs, au point que beaucoup perçoivent et conçoivent la fonction pédagogique non pas comme un métier qui s'apprend mais davantage comme une activité relevant du bricolage ou de l'improvisation. Ce traité voudrait contribuer à faire des

amateurs de l'enseignement d'aujourd'hui de véritables professionnels de la communication des savoirs de demain.
(Coll. Enseignement et éducation en Afrique, 15.50 euros, 152 p.)
ISBN : 978-2-343-05813-9, ISBN EBOOK : 978-2-336-37204-4

L'ADAMAOUA TRÉSORS CULTURELS ET PATRIMONIAUX (Tome 1)
Peuples, traditions et identités culturelles
Hermenegildo Adala - Préface d'El Hadj Hamoa Hamatoukour
Arabes Choa, Dii, Gbaya, Kaka, Kwanja, Mboum, Foulbé, Mbororo, Nyem-Nyem, Pérè, Tikar, Vouté, Wawa, etc., chacun de ces peuples est mis ici en valeur à travers ses originalités et spécificités propres. Aujourd'hui, dans un contexte d'institutionnalisation de la diversité culturelle et de la culture de la tolérance, chaque groupe s'implique dans la valorisation de sa culture. Une vériable dynamique culturelle habite les peuples de l'Adamaoua.
(Coll. Harmattan Cameroun, 23.00 euros, 220 p.)
ISBN : 978-2-343-04701-0, ISBN EBOOK : 978-2-336-36873-3

L'ADAMAOUA TRÉSORS CULTURELS ET PATRIMONIAUX (Tome 2)
Sites naturels et culturels, personnages de légendes
Hermenegildo Adala
Détaillé et documenté, cet ouvrage constitue une invite à un voyage à travers cette partie du Cameroun, pour découvrir le mystérieux lac Tison, dans les environs de Ngaoundéré, le lac sacré Sem-Sem des rois tikar à Bankim, les gigantesques et tumultueuses chutes de Lancrenon, la source thermale de Wouldé, les sources de la Sanaga près de Meiganga, le «fauteuil des singes» à Tignère, etc, une «malle au trésors» naturels et culturels avec ses personnages de légende.
(Coll. Harmattan Cameroun, 25.00 euros, 240 p.)
ISBN : 978-2-336-30974-3, ISBN EBOOK : 978-2-336-36874-0

ÉCOLES RURALES ÉLECTRONIQUES EN LANGUES AFRICAINES
Expérimentation au Cameroun et orientation politique panafricaine
Sous la direction de Maurice Tadadjeu
Voici un point sur l'expérimentation singulière, mais ambitieuse, de l'informatisation de l'enseignement des/en langues locales dans les écoles rurales africaines. La première partie décrit l'expérimentation de la phase pilote d'écoles rurales électroniques (ERELA) dans quelques langues camerounaises, puis en dégage les leçons et les perspectives, tandis que la deuxième partie présente l'orientation politique panafricaine d'ERELA.
(Coll. Harmattan Cameroun, 28.00 euros, 268 p.)
ISBN : 978-2-343-05029-4, ISBN EBOOK : 978-2-336-36967-9

L'APPROCHE PAR COMPÉTENCES
L'enseignement de l'histoire au Cameroun
Nkoumou Melingui Christian Georges
Aujourd'hui, l'enseignement et l'apprentissage de l'histoire au secondaire sont l'objet de profondes transformations. La révision des programmes d'études maintenant axés sur le développement des compétences oblige à concevoir l'apprentissage différemment et impose de nouvelles exigences. Ce livre témoigne de ces transformations, tout en permettant de faire le point sur le débat qui traverse l'introduction de l'approche par compétences dans le secondaire.
(Coll. Enseignement et éducation en Afrique, 24.00 euros, 240 p.)
ISBN : 978-2-343-05368-4, ISBN EBOOK : 978-2-336-36905-1

L'HARMATTAN ITALIA
Via Degli Artisti 15; 10124 Torino
harmattan.italia@gmail.com

L'HARMATTAN HONGRIE
Könyvesbolt ; Kossuth L. u. 14-16
1053 Budapest

L'HARMATTAN KINSHASA
185, avenue Nyangwe
Commune de Lingwala
Kinshasa, R.D. Congo
(00243) 998697603 ou (00243) 999229662

L'HARMATTAN CONGO
67, av. E. P. Lumumba
Bât. – Congo Pharmacie (Bib. Nat.)
BP2874 Brazzaville
harmattan.congo@yahoo.fr

L'HARMATTAN GUINÉE
Almamya Rue KA 028, en face
du restaurant Le Cèdre
OKB agency BP 3470 Conakry
(00224) 657 20 85 08 / 664 28 91 96
harmattanguinee@yahoo.fr

L'HARMATTAN MALI
Rue 73, Porte 536, Niamakoro,
Cité Unicef, Bamako
Tél. 00 (223) 20205724 / +(223) 76378082
poudiougopaul@yahoo.fr
pp.harmattan@gmail.com

L'HARMATTAN CAMEROUN
BP 11486
Face à la SNI, immeuble Don Bosco
Yaoundé
(00237) 99 76 61 66
harmattancam@yahoo.fr

L'HARMATTAN CÔTE D'IVOIRE
Résidence Karl / cité des arts
Abidjan-Cocody 03 BP 1588 Abidjan 03
(00225) 05 77 87 31
etien_nda@yahoo.fr

L'HARMATTAN BURKINA
Penou Achille Some
Ouagadougou
(+226) 70 26 88 27

L'HARMATTAN SÉNÉGAL
10 VDN en face Mermoz, après le pont de Fann
BP 45034 Dakar Fann
33 825 98 58 / 33 860 9858
senharmattan@gmail.com / senlibraire@gmail.com
www.harmattansenegal.com

L'HARMATTAN BÉNIN
ISOR-BENIN
01 BP 359 COTONOU-RP
Quartier Gbèdjromèdé,
Rue Agbélenco, Lot 1247 I
Tél : 00 229 21 32 53 79
christian_dablaka123@yahoo.fr

Achevé d'imprimer par Corlet Numérique - 14110 Condé-sur-Noireau
N° d'Imprimeur : 130898 - Dépôt légal : juillet 2016 - *Imprimé en France*